コンプライアンスと企業文化を基軸とした

やわらかい内部統制

水尾順一・田中宏司・池田耕一　編
日本経営倫理学会
CSRイニシアチブ委員会　　著

日本規格協会

編著者一覧

編　集　　　　　執　筆
水尾　順一＊　　日本経営倫理学会
田中　宏司＊　　CSRイニシアチブ委員会
池田　耕一＊　　大泉　英隆
　　　　　　　　小野　芳幹
　　　　　　　　昆　　政彦
　　　　　　　　佐藤　伸樹
　　　　　　　　田邉　　雄
　　　　　　　　橋本　克彦
　　　　　　　　福田　　隆
　　　　　　　　山脇　　徹
　　　　　　　（敬称略，執筆者50音順）
　　　　　　　＊印：執筆を含む

推薦のことば

　ここ数年不祥事が頻発する日本社会を変革すべく，企業では2006年5月に施行された会社法や2008年4月からの金融商品取引法など，"内部統制"にかかわる議論や検討が活発に行われている．ただ，それもやや過熱気味の感を免れないだけに，流行追随と入魂不足の懸念さえ感ぜられる．

　そもそも内部統制は，経営倫理の根幹にもかかわる重要な関心領域の一つであり，1993年に創設をした日本経営倫理学会においてもこれまで幾多の研究や議論がなされてきた．

　その中の一つに，2004年に発足したCSR研究部会がある．この研究部会は2001年にスタートしたステークホルダーマネジメント研究部会を母体として，足掛け7年にわたり活動を発展させてきたもので，現在も約40名に近い会員が毎月議論を重ねている．

　CSR研究部会では，これまでもSMIX 21（Stakeholder Management Index：ステークホルダーマネジメント指標）や『CSRマネジメント』（生産性出版，2004），『CSRイニシアチブ』（日本規格協会，2005）などを通じて，常々"ステークホルダー重視の経営"について，企業の持続可能な発展にはこの考え方が枢要のこととして提言してきた．

　本書もその考え方を作成の発意と企画に反映させたもので，同研究部会長の水尾順一日本経営倫理学会理事を中心に，田中宏司同理事，池田耕一同理事の3名をはじめとする11名の部会員が，内部統制のあり方に関して，新しい視点に基づいたフレッシュな問題提起をしている．

　その視点とは，内部統制の根幹ともいえる"コンプライアンス"と，トップの強いリーダーシップと従業員の理解と納得による主体的な取組みが，渾然一体となって築き上げる"企業文化"を基軸にした新しいコンセプトである．この考え方は，現在議論されている内部統制とはその進め方において一味異なり，

"やわらかい内部統制"と呼ぶにふさわしい取組みの概念ということができよう．

　当然のことながら，学会として経営倫理の普及と啓発をすすめる意味からも，内部統制の世界的動向や新しい潮流は踏まえなければならない．しかし，本書はそれだけではなく，現場感覚を重視した実務的視点に立ち，産業界におけるコンプライアンスの基本的進め方を論じているばかりか，不祥事を予防し，組織の持続可能な発展を促進する"企業文化"のあり方も述べられている．それは本書の編集と執筆体制が，企業や大学において内部統制やコンプライアンス，さらにはCSRも含めて，これらの領域で豊富な知識と実務体験に裏打ちされたメンバーで構成されていることによるものにほかならない．

　それらの意味から，本書は，現在書店で見られる類書にはないアプローチで執筆されており，その新しいコンセプトは今後最も肝要な内部統制の実行成果を高め，全社的な浸透・定着を図る上で重要な"仕組み"ともなるであろう．企業の経営層をはじめとした関係者や第一線のビジネスマンに，必ずや参考になるであろうことを期待し，ここに推薦する次第である．

2007年3月吉日

日本経営倫理学会会長　水谷雅一

まえがき

　いま，各企業において，内部統制への関心が急速に高まり，その取組みが始まりつつある．この背景には，2006年5月に施行された会社法，さらに，2008年4月以降に施行される金融商品取引法において，内部統制への取組みが要請されていることがある．しかしながら，その際に必要以上に重装備かつ高コストを要するものとして，世界的に批判が強い米国企業改革法対応を見習った取組みをやはり実施せざるを得ないのか，もっと日本企業に適切な方法はないのか，という悩みを抱える企業が多い．
　翻って考えるならば，近年議論されている内部統制は，世界的に財務情報の虚偽報告などの企業不祥事の多発に端を発したものではあるが，本来は，財務報告の信頼性とともに法令の遵守，さらに，業務の有効性と効率性をも目的とした経営管理を達成するための取組みである．これはまた，企業の持続可能な発展の視点から企業と環境・経済・社会との共生が重要なテーマであるCSR（企業の社会的責任）と大きく重なる分野でもある．このような観点から，日本経営倫理学会CSR研究部会（2004年5月発足）を母体とし，大学教員や研究者，企業人，マスコミ関係者などにより構成される"CSRイニシアチブ委員会"において，新たな内部統制の構築をめざして研究を積み重ねてきた．
　さて，その内部統制には当然のことながら"トップの強いリーダーシップ"と"第一線従業員の理解と納得"の相乗効果が重要である．しかし，現在取り組まれようとしている仕組みはどうであろうか？
　我々CSRイニシアチブ委員会のメンバーは，この点，つまりその取組みの進め方に大きな問題意識をもった．特に，米国企業改革法の"内部統制フレームワーク"には，前述のとおり重装備と高コストで多くの問題が発生しているようだ．日本においても他山の石として，このような失敗を繰り返さないようにしなければならない．

結論からいってしまえば，後者の"第一線従業員の理解と納得"が疎かにされて，前者の"トップの強いリーダーシップ"による"システムの枠組みづくり"のみが先行してしまってはだめだということである．

企業文化を基軸にして，従業員の理解と納得による主体的な取組みを促すやわらかい内部統制，これこそ内部統制の実行を高め，その浸透・定着を図る上での今求められている"仕組み"といえる．この問題意識が，本書を出版するきっかけとなったのである．

その結果，コンプライアンスと企業文化を基軸とした新たな内部統制の理念とモデル，さらに実践方法を，"やわらかい内部統制"として提言するに至った．これによって，柔軟かつ低コストの内部統制の取組みを提示し，より有効で適切な企業経営の方向とあり方を社会に提起するものである．

本書は，内部統制に関する最新の法令と世界的動向を踏まえつつ，強いリーダーシップに基づく"やわらかい内部統制"，及びその基盤であるコンプライアンスと企業文化を様々な角度から論じている．さらに，"やわらかい内部統制の評価基準"を掲載するなど，より実践に役立つことをめざしている．

このような研究活動が継続できるのも日本経営倫理学会のプロジェクトという研究の場をいただいたことによるものであり，その意味から水谷雅一経営倫理学会長をはじめ全役員の方々，さらには学会員の皆様にも心から感謝申し上げたい．また，今回の出版にあたっては，公刊にご理解をいただいた日本規格協会，及びお世話になった同協会の伊藤宰書籍出版課長，また内容と校正面で適切なアドバイスをいただいた同課の末安いづみ，宮原啓介の両氏にもお礼申しあげたい．

本書が，会社法・金融商品取引法の対象会社はもちろんのこと，その対象外となる会社も含めて，志ある方々の"より良い，より強い企業構築への取組み"にいささかなりとも貢献できれば望外の喜びである．

2007年2月

執筆者を代表して

水尾順一・田中宏司・池田耕一

目　次

推薦のことば
まえがき

序章　ビジョン実践型リーダーによるソフトパワーの内部統制

　　ビジョンと実践の統合 ……………………………………………（水尾）…… 11
　　組織と個人のエンパワーメント ………………………………………………… 14

第1章　強いリーダーシップとやわらかい内部統制

　1.1　内部統制における経営トップのリーダーシップ ………（水尾）…… 17
　　1.1.1　天網恢恢，疎にして漏らさず ……………………………………… 17
　　1.1.2　魚は頭から腐る ……………………………………………………… 18
　　1.1.3　内部統制の基礎をつくる部下支援のリーダーシップ …………… 19
　　1.1.4　ビジョン実践型リーダーのコミュニケーション ………………… 21
　1.2　ボトムアップで進める草の根の内部統制 ……………………………… 24
　　1.2.1　柔軟性のある自発的な内部統制 …………………………………… 24
　　1.2.2　"割れ窓の修復" と "芸術のすすめ" ……………………………… 26
　　1.2.3　やわらかい企業文化で "襟を正す" ……………………………… 28

第2章　内部統制の新しい潮流

　2.1　内部統制が求められる背景 ……………………………………（池田）…… 33
　　2.1.1　内部統制への関心の高まりと戸惑いの広がり …………………… 33
　　2.1.2　現代型企業不祥事の多発 …………………………………………… 36
　　2.1.3　企業不祥事をもたらす主な二つの要因 …………………………… 38
　2.2　主な内部統制の枠組み …………………………………………………… 41
　　2.2.1　会社法と内部統制 …………………………………………………… 41
　　2.2.2　金融商品取引法と内部統制 ………………………………………… 43

2.2.3 "財務報告に係る内部統制の評価と監査に関する実施基準"と
　　　　　内部統制 …………………………………………………………… 44
　　2.2.4 COSOと内部統制 …………………………………………………… 47
2.3 "やわらかい内部統制"とは何か ……………………………………… 49
　　2.3.1 内部統制のこれまで ……………………………………………… 49
　　2.3.2 これまでの内部統制の課題 ……………………………………… 51
　　2.3.3 いま求められる新たな内部統制の条件 ………………………… 52
　　2.3.4 やわらかい内部統制とは何か …………………………………… 55

第3章　内部統制の基盤となるコンプライアンス

3.1 改めて,コンプライアンスとは何か ………………………（田中）…… 57
　　3.1.1 コンプライアンスこそが信頼の基本 …………………………… 57
　　3.1.2 コンプライアンスの真の意味 …………………………………… 59
　　3.1.3 経営理念に基づくコンプライアンス …………………………… 61
　　3.1.4 コンプライアンスを基盤とする内部統制の効果 ……………… 63
3.2 コンプライアンスマネジメントシステム ……………………………… 65
　　3.2.1 コンプライアンスマネジメントシステムの全体像 …………… 65
　　3.2.2 経営トップのリーダーシップとコミットメント ……………… 67
　　3.2.3 内部統制・CSRの視点を組み入れた行動基準の徹底 ………… 69
　　3.2.4 実践の具体的手法 ………………………………………………… 71
3.3 コーポレートガバナンスとコンプライアンス ……………（佐藤）…… 74
　　3.3.1 コーポレートガバナンスとコンプライアンスの意義 ………… 74
　　3.3.2 米国のコーポレートガバナンスと日本社会 …………………… 75
　　3.3.3 米国のガバナンス論の変化 ……………………………………… 77
　　3.3.4 コンプライアンスの倫理性 ……………………………………… 78
　　3.3.5 ガバナンスとコンプライアンスを変えるパラダイム変化 …… 80
3.4 リスクマネジメントとコンプライアンス ……………………………… 81
　　3.4.1 リスクマネジメントの定義とリスクの分類 …………………… 81
　　3.4.2 自らコントロールしにくいリスク ……………………………… 82
　　3.4.3 法令違反リスク …………………………………………………… 84
　　3.4.4 企業倫理欠如に起因するリスク ………………………………… 86

第4章　コンプライアンスを基軸とした内部統制

- 4.1　内部統制の理念と構造 ……………………………………（山脇）…… 89
  - 4.1.1　内部統制の理念 ………………………………………………… 89
  - 4.1.2　より高い精神理念をめざして ………………………………… 90
  - 4.1.3　ステークホルダーを意識した内部統制 ……………………… 92
  - 4.1.4　内部統制の構造 ………………………………………………… 95
- 4.2　各種法令が求める内部統制の概要と対象ステークホルダー
  　　　　　　　　　　　　　　　　　　　　　　　　　　……（福田）…… 103
  - 4.2.1　会社法 …………………………………………………………… 103
  - 4.2.2　金融商品取引法ほか …………………………………………… 107
- 4.3　ステークホルダーとの対話に向けて ……………………………… 109
  - 4.3.1　内部統制のコアステークホルダーとの対話 ………………… 110
  - 4.3.2　従業員が内部統制成否の鍵 …………………………………… 113

第5章　企業文化を基軸とした内部統制

- 5.1　従業員が形成する企業文化の重要性 ……………………（田邉）…… 117
  - 5.1.1　環境変化に対応すべき企業文化 ……………………………… 117
  - 5.1.2　内向き体質の企業文化 ………………………………………… 118
  - 5.1.3　倫理の確立に向けて …………………………………………… 120
  - 5.1.4　セルフガバナンスの企業文化 ………………………………… 122
- 5.2　企業文化が支える働きがい ………………………………………… 124
  - 5.2.1　職場コミュニティの負の側面 ………………………………… 124
  - 5.2.2　職場の監視から従業員の自律性尊重へ ……………………… 125
  - 5.2.3　働きがいを醸成する企業文化 ………………………………… 129
  - 5.2.4　事例研究──資生堂とカネボウ ……………………………… 132
- 5.3　めざす企業文化の醸成 ……………………………………（昆）…… 134
  - 5.3.1　経営戦略と企業文化 …………………………………………… 134
  - 5.3.2　めざすべき企業文化とは ……………………………………… 136
  - 5.3.3　知的資産としての企業文化 …………………………………… 138
  - 5.3.4　事例研究──グローバル企業 ………………………………… 139
- 5.4　企業文化と社会との共鳴 …………………………………………… 140

5.4.1　企業活動と社会（ステークホルダー）とのかかわり ……………… 140
　　5.4.2　企業文化と社会との共鳴をめざす取組み ……………………………… 141

第6章　社会に信頼される企業経営

　6.1　社会と企業の変化 ………………………………………………（大泉）…… 145
　　6.1.1　社会の変化 ………………………………………………………………… 145
　　6.1.2　市民の声 …………………………………………………………………… 146
　　6.1.3　社会の意思表示 …………………………………………………………… 147
　　6.1.4　社会の求めているもの …………………………………………………… 150
　6.2　ブランドとガバナンス …………………………………………（小野）…… 153
　　6.2.1　企業価値を向上させるためには――内部統制の限界を超えて ……… 153
　　6.2.2　ガバナンスに神経を通わせる企業理念 ………………………………… 155
　　6.2.3　ガバナンスを機能させる合理的な組織構築 …………………………… 158
　　6.2.4　ブランドの維持・向上につながったガバナンス ……………………… 159
　6.3　社会と共生する企業 ……………………………………………（橋本）…… 162
　　6.3.1　地域社会との共生を図っている企業 …………………………………… 162
　　6.3.2　コンプライアンスを形だけに終わらせない企業 ……………………… 167

終章　やわらかい内部統制の評価基準

　　やわらかい内部統制の評価基準の狙い ……………………………（田中）…… 171
　　やわらかい内部統制の評価基準の内容と項目別解説 ……………………………… 172

参考文献 ………………………………………………………………………………… 177
索　　引 ………………………………………………………………………………… 181

序章　ビジョン実践型リーダーによる
　　　ソフトパワーの内部統制

ビジョンと実践の統合

　近年，企業の不祥事が絶えず，このような背景もあって，企業評価に対する社会のものさしが大きく変化している．企業が社会や消費者に提供する商品やサービスの品質，機能，デザインなど，その効用や有用性への期待はもちろんであるが，いまはそれだけではない．

　不祥事の予防活動は当然のこととして，環境活動や，地域貢献も含めたCSR（Corporate Social Responsibility：企業の社会的責任）活動に社会全体が目を向けるようになってきたからである．

　そのCSRの根底となる法整備も日本で急激に進んでいる．例えば，2006年5月から新しい会社法がスタートし，また，2008年実施に向けて，金融商品取引法（別称，日本版SOX法）[*1]なども含めて内部統制の重要性が叫ばれている．

　内部統制の根幹になるリーダーシップについていえば，トップのコミットメント，すなわち信念を示した"ビジョン"と，その実践に向けての"やりきる力"が必要とされる．

　言い換えれば，企業がめざすべきビジョンを明示し，しかもその実践に向けて強い行動を伴う，いわゆるオペレーショナル（実践型）リーダーでなければ

[*1] 証券取引法等の一部が2006年6月に改正・公布され，公布後1年6か月を超えない範囲内（2007年12月まで）において，いくつかの改正が順次，政令で定める日から施行される．これらの改正内容は，証券取引法から金融商品取引法への題名改正や内部統制を含む多くの項目にわたっている．なお，主要な改正項目の一つである内部統制に関する改正は，2008年4月1日以降に開始する事業年度から適用される．

ならない．これには，その信念を制度として企業に組み込んでいく行動力や，しかもそれを推進する率先的な指導力も包含されることはいうまでもない．

このマネジメント・スタイルは，ビジョン実践型リーダー（Vision Operational Leader：ビジョン・オペレーショナルリーダー）と称することができる．

ビジョン実践型リーダーであることは，会社を代表する者としての責務であり，その活動はフォロワーとしての従業員に対して明確な羅針盤を提供するだけでなく，夢やロマンを与える．また，結果的に従業員個々人と組織の一体感を醸成するリーダーシップともなる（図表参照）．

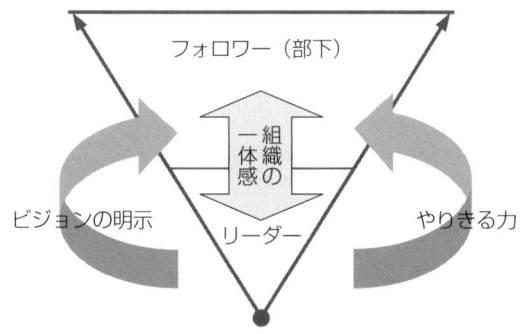

図表 ビジョン実践型リーダーが生み出すロマンとエンパワーメント

組織は個人目標と組織目標が一体化したときに最も強い組織となる．すなわち組織に活力を与えるパワーが必要なのであり，その意味で賦活を意味するエンパワーメントが重要な概念となる．

個人や組織が共通目標に向かって挑戦する過程で，その人間又は組織の成長に結びつくことを考えると，リーダーは部下の成長のために助言，援助しながら目標達成をサポートすることができなければならない．

そのためにはビジョン実践型リーダーとしての要件に，部下を支援するマネジメントの精神，すなわち，ソフトパワーのリーダーシップが重要となる．

顧客や社会との関係においても同様である．組織の構成員全体が顧客や社会

の繁栄のために支援する企業が持続可能な発展を成し遂げるのであり，その意味から今後のリーダーシップは部下や顧客，社会を含めて"他者を支援する"概念が求められる．

以上のことから，ビジョン実践型リーダーを下記のとおり定義する．

> ビジョン実践型リーダーとは，組織と個人，そして広く社会の持続可能な発展を目的として，ビジョンと実践を統合させながら，他者や他組織を導き支援する思考と行動をもったリーダーシップのスタイル（様式）を意味する．

したがって，リーダーが示すその羅針盤は，部下の活動を支援し，部下にとっての共通の目標となるものであることから，組織のしがらみによって右往左往するようなことがあってはならない．

例えば，全社で進めようとしている重要な戦略であれば，全社会議において部門損益の立場で他部門から反対があったとしても，トップは大局的立場から判断し，全社戦略を進めなければならない．つまり，それが会社にとって必要であれば，また提案してきた部下の意見が正しいのであれば，トップは断固としてその壁に立ち向かっていかなければならない．

それは部下に対してだけではない．例えば，いくつかの会社ではいわゆる顧問と称される先輩OBの役員たちの組織（ここでは"顧問会"と表現しておこう．）がある．企業の命運を定めるような極めて重要な戦略は，事前に顧問会で根回しがされることもあると聞くが，そのような場でも同じである．

いわゆる"しがらみ"に振り回されてはだめなのである．会社での立場が上になればなるほど，強い信念で，上司に立ち向かわなければならないのであり，それは役員といえども同じだ．部下はその姿を見て，信頼できる上司・トップかどうか判断しているのである．

組織と個人のエンパワーメント

　倫理的な企業文化の構築には従業員の共感が必要であり，トップダウンの一方的なリーダーシップは，組織を恐怖政治によるファシズム的な企業文化に陥れる危険性がある．

　企業文化に倫理的価値観を汲み込むためには，変革の"意志"を組織に注入し，知識と学習による組織の改善が必要となる．例えば，倫理規程一つを見てもそれはトップの強い意志を示すコミットメントであり，またボトムアップによる変革のムーブメントから生まれてくるものこそ，有効活用ができる倫理規程である．人事や企画，広報など関連部門が参画して作成されても，トップの意思やボトム，つまり従業員全般の意見が反映されなければ無意味である．

　また学習効果が蓄積されず，形式上で文章化されただけで，短絡的に策定された倫理規程は，机上の空論にすぎない．[*2] つまり，ビジョン実践型リーダーの活動に基づく理性的企業文化の構築も，組織の構成員である従業員の理解と納得が必要とされる．

　なぜなら，彼らの意志によるシビリアン・コントロールとしての企業文化，すなわち組織全体から見れば，"従業員の，従業員による，従業員のためのセルフガバナンス"[*3] であれば，外見ではなく内部の実効性を伴うものとして機能するからである．

　リーダー自身の意思決定の適切さ，俊敏さ，創造的思考などに加えて，このような理性的企業文化の構築が"リーダーシップ・エンパワーメント"を生み

[*2] Lipman, I.A.(2000): The Sears lectureship in Business Ethics at Bentley College: "Business Ethics in the 21st Century", *Business and Society Review*, pp.9-10. 米国 Guardsmark 社の CEO である Lipman のベントレーカレッジにおける公演記録に基づく．

[*3] 米国の独立宣言の原文を書いたトーマス・ジェファーソンが起草し，第 16 代大統領エイブラハム・リンカーンがゲティスバーグにおける就任演説で述べた"Government, of the people, by the people, for the people"からヒントを得ている．

出し，スパイラルアップする善循環につながり，企業の持続可能な発展に結びつく．

また，ビジョンに関していえば，組織内で漠然とした目標や価値観を明確化すること，すなわち暗黙知としての価値を形式知に変換をすることで，組織と個人のエンパワーメント，すなわち活性化につながる．

言い換えれば，めざすべき方向が見えてくるので，メンバーの活力を引き出し，共通目標であるビジョン達成に向けて全員の力を集中させ統合することができる．このように，ビジョンはサクセスロードに至る道筋を明示し，組織や構成員を動機づける明確な将来像であり，指針とならなければならない．

また，時として痛みを伴うビジョンを明示しなければならない場合もあるが，その折にも痛みが未来を切り開くメスになること，そしてそれに要する期間と痛みの度合い，さらにはその効果を明確に表現することが必要である．

かつて，ゼネラル・エレクトリック（GE）社の会長兼最高位経営責任者であったジャック・ウェルチは，GE再生のために1982年にナンバーワン，ナンバーツーのシェアをもつ事業だけを継続する事業再編とレイオフを断行した．[*4]

その折にGEのコアビジネス，ハイテク産業，サービス産業の三つの円で10年後の勝利のビジョンを描き，その円の中にある事業を育成することを明示した．さらに，その戦略の判断基準として，"事業の安定，廃業，売却．選択は三つに一つ"を掲げた．これらの三つの円はウェルチが舵取りをするときの航海の羅針盤となったのである．

組織内では個人への権限委譲であるエンパワーメントを高め，一方では管理職に机上での電話によるコミュニケーションではなく，現場における従業員とのフェースツーフェースのコミュニケーションを奨励し，ビジョンの伝達と対話を実践しながら変革を促進していった．

また，事業面では"小さい経営，大きな利益"を経営哲学の中心に据え，その後1985年のRCA社の買収を契機に成長路線を歩むようになる．つまりビ

[*4] Slater, R.(1993): *How Jack Welch Revived an American Institution*, Richard D. Irwin ［牧野昇監修(1993)：GEの軌跡，pp.130-142，同文書院インターナショナル］

ジョンの明示によるエンパワーメントはGE再生の原動力となったのである．

こうした経営理念の確立と，トップの徹底されたビジョンが根底になってリーダーシップが発揮され，フォロワーとしての従業員の支持と共感が得られる．

このように考えれば，内部統制の進め方もその根幹に，ファシズム的リーダーシップではなく，ソフトパワーのリーダーシップがあれば部下は共感を抱き，自ら進んで内部統制に参画することが期待できる．

しかし，ここでの問題は，部下支援という意味でソフトパワーであるが，本質は強いリーダーシップであることだ．

では，どうすればそのようなファシズム的ではない，ソフトパワーの強いリーダーシップが発揮できるのか．この点については，第1章で考えてみたい．

第1章　強いリーダーシップとやわらかい内部統制

1.1　内部統制における経営トップのリーダーシップ

1.1.1　天網恢恢，疎にして漏らさず

　いま，経営者の倫理観の欠如に端を発した不祥事が頻発している．IT企業における有価証券報告書の虚偽記載，ファンド会社の証券取引法違反などもその例である．

　両者は，いずれも起業家精神あふれるベンチャー企業で，若者に夢を与えていたはずだった．後者の経営者は"お金儲けは悪いことですか？"と記者会見で開き直っていたが，確かにそれ自体は決して悪いことではないだろう．

　しかし，そのために何をしてもよいということではない．最低限，踏まえるべきコンプライアンス（ルール・法令の遵守）やCSRがある．そこのところをはき違えてはいけない．

　老子の第73章に，"天網恢恢，疎にして漏らさず（てんもうかいかい，そにしてもらさず）"という言葉がある．この意味は，天が張りめぐらした網は，広大で目は粗いようだが，悪事を働いた者を取り逃がすことはない．天道は公平で，決して悪人や悪事を見逃すことはないということである．前述の二人の経営者だけでなく，マンションの耐震偽装，大手エレベータメーカの業務上過失致死の問題なども含めてこの言葉をよくかみしめてほしい．

　さて，企業の不祥事多発というような背景もあって，企業を見る目が大きく変化している．企業が社会や消費者に提供する商品やサービスの品質，機能，デザインなど，その効用や有用性への期待はもちろんであるが，いまはそれだけではなく，環境活動や，地域貢献も含めたCSR活動に社会全体が目を向け

るようになってきている．

　この動きに呼応するように，法整備も日本で急激に進み，金融商品取引法など内部統制の重要性が叫ばれている．

　ここで明確にしておきたいことがある．それは，内部統制が対象とする領域は，単に企業会計上の不祥事だけではなく，コンプライアンスともいわれる企業行動全般にわたる不祥事の予防が重要ということだ．現在の企業における不祥事の発生が多岐に及んでおり，しかもこのような一つの不祥事が企業の存亡に重大な影響を与えていることからも，この点は理解いただけるだろう．

　例えば，近年の耐震偽装，BSE，談合，個人情報の漏えい，有価証券虚偽記載，そして人権の視点からハラスメントの問題など数え上げれば枚挙にいとまない．

　つまり，企業と社会の健全な発展のためには，内部統制は企業会計だけではなく，企業活動全体を通じて多面的な角度からコンプライアンスを重視し，インテグリティ（誠実性）とトラスト（信頼）が表裏一体となった活動がなされなければならないということである．言い換えれば，これらはまさにCSRの基盤でもある．

1.1.2　魚は頭から腐る

　"魚は頭から腐る"という言葉が米国にある．読んで字のとおり，魚が腐敗するときは，頭から徐々に腐っていく，決して尻尾からは腐らない，ということを意味した言葉である．

　魚を企業に置き換えれば同じことがいえる．これまでの多くの不祥事を見てもトップの倫理観や問題意識の低さ，あるいは，会社に対する誤った忠誠心が主な原因と考えられるケースが極めて多い．

　一つの例であるが，長年の粉飾決算の疑惑を知りながらも，会社のためにという間違った忠誠心で，そのことを断ち切れなかったという企業があった．まさに，"会社のため，必ずしも会社のためならず"ともいわれる代表的なケースである．

冒頭に述べた二人のベンチャー企業家の例もそうであるが，もし，担当取締役や最高責任者に高い倫理観や鋭敏な倫理的感受性があれば，これまでの多くの不祥事も防ぐことができたはずである．

組織の持続可能な発展には，このようにトップの高い倫理観に基づく強いリーダーシップが必要である．不祥事の発生で，倫理的価値判断を求められたときには，断固として"ノー"といわなければならず，決して逃げてはならない．

"俺は聞いていないことにする"とか，"後はお前に任せる，うまくやれよ"といってしまえば，部下はそれを前例として悪い学習をする．"ノー"といえるリーダーこそ真のリーダーといえよう．

1.1.3 内部統制の基礎をつくる部下支援のリーダーシップ

倫理的組織の形成には，序章ですでに述べたとおり，まずトップの高い倫理的価値観に基づくコミットメント，すなわち信念を示した"ビジョン"と，その実践に向けての"やりきる力"が求められる．そのための社内規則やルールの整備は必要不可欠のものであり，こうした強いリーダーシップがなければ船は前に進まない．

しかし，ここでも誤解があってはならない重要なポイントがある．それは，トップの強いリーダーシップとは，独裁的な恐怖政治で強引に引っ張っていくことを意味するのではないということである．

さらにいえば，給料をもらっている以上，会社が定めた制度だから文句いわずにやれというような"強権的内部統制"があったとしたら，これでは内部統制や金融商品取引法を効果的に進められないだろう．それ以前の経営者の資質にかかわる問題であり，時代錯誤もはなはだしい．

この問題は会社のトップに限ることではない．組織単位，例えば，部門でいえば部門のリーダーや管理職のマネジメントスタイルにもいえることである．

昔，軍隊では"鬼軍曹"といわれ，企業内では"恐怖政治"ともいわれた強烈な専制的リーダーシップスタイルの管理職は，一昔前と比べて確かに減少し

た．中には，そういった管理職がまだいるとも聞くが，もはやそのような管理職に若い従業員がついてくる時代ではない．

　明確な指示やフォローのないまま，"どなり，指示なし，つき返し"，"見ない，丸投げ，無関心"で仕事を部下に任せるマネジメントスタイルがあるとすれば，それは古き時代の遺物というものである．

　こうした組織は，リーダーの指示がなければ行動ができない組織となり，いわゆる指示待ち人間が多くなる．また，常に問題意識をもって，自ら考え，行動ができる社員が育たず，個人の主体性の確立にも大きな壁となる．

　社員は感受性や問題意識が低く，精神的にも慢性疲労の状態となり，独特のマンネリ感と無気力感が漂うようになる．こうなると，社員の自己実現などはほど遠く，組織は妥協とあきらめから始まる大企業病の道を歩むようになり，不祥事の温床になる危険性をはらむこととなる．

　これからのリーダーには，現場の従業員に必要な権限を委譲し，顧客と接点をもつ従業員が頂点に立つような姿勢が求められる．すなわち，トップが組織のボトムラインとなって管理職を育成し，管理職も従業員を育てるという，逆ピラミッド型の組織が重要となってくる．

　部下を支援し，育成する精神をトップがもてば，従業員の活力が向上する．その結果，従業員が顧客満足をめざして活動することで，組織全体の活力向上に結びつく．すなわち，組織全体に他者を支援する雰囲気が広がり，図表1.1のような他者支援のリーダーシップ[1]が根づく．

　企業組織のトップが部下育成に徹すれば，管理職も従業員もその価値を認め，同様のマネジメントスタイルが広がる．また，顧客や社会へのアプローチスタイルも同化し，顧客満足をめざす精神が組織全体に行き渡ることとなる．

　部下を支援し育成するマネジメントは，対顧客や社会に対しても重視される．最終的には顧客や取引先，地域社会，さらには国家や社会全体の健全な発展や福祉の向上のためにも貢献することとなる．

---

[1] 水尾順一（2003）：セルフ・ガバナンスの経営倫理，pp.281-282，千倉書房

1.1 内部統制における経営トップのリーダーシップ

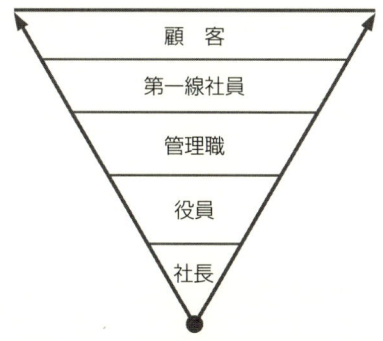

図表 1.1 他者支援のリーダーシップ [*2]

1.1.4 ビジョン実践型リーダーのコミュニケーション

序章で述べたビジョン実践型リーダーは，部下の成長を支援するためにも，ボトムアップのコミュニケーションを心がけなければならない[*3]．ここでは，そのようなビジョン実践型の意味をもつコミュニケーションについて，部下の潜在能力を発見し，開発するための七つの原則として図表 1.2 にまとめた．

図表 1.2 "潜在能力の発見・開発" 七つの原則

① オープンな雰囲気づくり（Psychological Environment）
② 積極的傾聴（Active Listening）
③ 受容（Acceptance）
④ 明確化（Clarification）
⑤ 共感的支持（Empathy）
⑥ 相互理解（Mutual Understanding）
⑦ フィードバック（Feedback）

① オープンな雰囲気づくり（Psychological Environment）

部下と気軽に語り合える雰囲気づくりであり，そのために対話環境を

[*2] Betsy A. Sanders(1995): *Fabled Service*, Pfeiffer & Co. ［和田正春訳(1996)：サービスが伝説になる時―「顧客満足」はリーダーシップで決まる，ダイヤモンド社］を参考に加筆修正．

[*3] Greenleaf, R.K.(1970): *The Servant as Leader*, Robert K. Greenleaf Center, pp.9-22, 及び佐藤久三郎(1981)：ニューロールプレイング，pp.211-219, ダイヤモンド社，を参考にサーバントリーダーシップの立場でまとめた．

オープンな雰囲気で包み込み，精神的なゆとりを感じさせることである．

言い換えれば，部下の気持ちのなかにサイコロジカル・プライバシー（プライバシーを確保する雰囲気を与える）が保障された心理的カプセルをつくりだすことである．そのためには，リーダーが心を開き，リーダーが部下に対してその雰囲気づくりを要求する前に，部下を受け入れる土壌を作ることが第1である．

② 積極的傾聴（Active Listening）

すぐれたリーダーは，部下の話に積極的に耳を傾ける．リンカーンは常に部下の話に耳を傾け現場の声を重視した．そのことで部下の信頼感を得て，第一線の活きた，鮮度の高い情報を得て，現状に合った的確な意思決定ができたのである．積極的傾聴には相手を心地よくさせる効果があり，リーダーと部下の間にラポール（Rapport：心の掛け橋）をかけ，信頼感を促進する働きをもつ．

③ 受容（Acceptance）

これは部下の発言，行動をまずは認めて心から受け入れることから始まる．すなわち，部下の言葉に落ち着いて耳を傾け，頷きと相槌を打ちながらひたすらに傾聴することである．

批判的な言動で受けとめるのではなく，心の声を心で聞く，体の声を体で聞く，つまり心と体が発する感情を，非審判的・許容的雰囲気で受け入れることが重要となる．部下を受容することは部下からも受容されることであり，すなわち部下に"導かれつつ部下を導く（Leading while being led）"[*4] 精神が求められる．

このことをリンカーンは，部下がリンカーンを導いているように，常に彼らに信じさせる結果をもたらしていたとして，"意図せざる"戦略と語っている．

[*4] 山田徑三（1995）：経営倫理のリーダーシップ，pp.59-60，明石書店

④ 明確化（Clarification）

　リーダーが部下を受容することは部下の意思を明確化することにもつながる．時として部下の潜在意識を掘り起こし，部下自身が定かではない目的を意識にのぼらせる方法でもある．

　つまり，相手とともに考えることで明確化の手法を通じて相手の言葉にならない感情を聞き出し，意識化させることになる．このように，意思決定に迷う部下からの相談では，リーダーが部下を支援する気持ちをもち，積極的傾聴と受容で部下の心情を聞き出しながら物事を整理することが効果的である．

　その結果，明確な方向づけを行うことが可能となり，部下の正しい判断を導き出し，最終的には部下の成長を援助することとなる．

⑤ 共感的支持（Empathy）

　共感とは部下の気持ちをありのままに心から承認し，相手の感情を自らに移し込むことであり"感情移入"とも呼ばれる．部下が強調したい点を適切に認め，心から受け入れる共感的支持である．

　この共感的支持には，ポジティブな内容すなわちプラスの側面を支持する方法と，ネガティブな内容，すなわちマイナスの側面を支持する二つのアプローチがある．

　ポジティブな内容は積極的に増幅させながら支持し，ネガティブな側面は部下の心理状態を察しながら静かに支持することである．時として両者が混入するアンビバレンス（両面感情）の場合があるが，ネガティブ要因を静かに受け入れ，その後ポジティブ要因を積極的に受け入れて両者をバランスよく受容した後に，後者のメリットにハイライトをあてることが重要となる．

⑥ 相互理解（Mutual Understanding）

　リーダーと部下は，相互理解のコミュニケーションを形成しなければならない．そのためにはリーダーが部下に関心を示し，理解しようと努力することが大切である．つまり，相手を理解しようとする気持ちが部

下に伝わることで部下も同様の気持ちになり，リーダーと部下の相互理解の雰囲気が生まれるのである．

⑦　フィードバック（Feedback）

フィードバックは部下の行動を観察して，その結果を本人に伝えるコミュニケーション活動である．行動のタイミングと内容の適切性を伝えることであるが，具体的内容にまで踏み込んでフィードバックすることが重要となる．

評価の背景，理由など，部下の行動に至るステップまでコメントすることで，将来の改善に向けた具体的フィードバックとなる．もし部下の行動が適切でなければ，リーダーが具体的方向性を明示することも必要となる．

1.2　ボトムアップで進める草の根の内部統制

1.2.1　柔軟性のある自発的な内部統制

トップの強いリーダーシップと，現場における草の根の活動を踏まえた第一線にいる従業員の理解と納得で相乗効果が果たされれば，最高の内部統制が展開できる．

2006年5月から新しい会社法が施行され，大会社においては，健全性を確保する仕組みである内部統制システムの構築が取締役会における決議事項として課せられている．従業員の理解と納得という点に関していえば，この法制化についての進め方においても考慮されなければならない．確かに形の上では取締役会で決議することで，法律によって企業の適正性を確保しようとする狙いは理解できる．

しかし，これだけで内部統制が十分機能するかというとそうでないことは明白である．内部統制の根幹をなすコンプライアンスの活動は，トップの強いリーダーシップと第一線にいる従業員の理解と納得があってこそ，その取り組み

1.2 ボトムアップで進める草の根の内部統制

は成功するのである．つまり，取締役会の決議はあくまでも会社としてのコミットメントであり，これらをサポートする仕組みが重要なのである．

筆者は，大学に奉職する前の1997年に，資生堂で企業倫理の立ち上げにかかわった．当時はコンプライアンスという言葉さえもまだなかったので企業倫理という表現をしていた（本章では資生堂の"企業倫理規程"など固有の名称以外は以後，コンプライアンスという）．

外資系企業ではすでにコンプライアンスに取り組んでいたが，日本企業では初めての試みであり，そのとき，"企業倫理規程の遵守"をグループ全体のすべての取締役会において決議し，すでに今回の会社法が要求する企業集団の適正性を確保する事項に取り組んでいた．

この意図は，確かに取締役会での決議という法的拘束力をもつ狙いもあったが，むしろそのことを通じてコンプライアンスに対して全社的に取り組む決意を従業員に強く示すことのほうが重要な目的であった．

というのも，コンプライアンスの浸透・定着活動を通じて，ボトムアップで現場の従業員を巻き込むことを実践したかったからである．その上で，現場の実践レベルでは，仲間たちと進める"草の根のコンプライアンス"を最も重視し，また，この点に一番心血を注いだ．

具体的には，当時全国に411名の"コードリーダー"というコンプライアンスの旗振り役である担当者を配置し，彼らと一緒になって進めることを心がけたのである．なぜなら，コンプライアンスの活動を支えるのは現場第一線の従業員たちであり，彼らの共感を得ることなしにその浸透・定着はありえないからである．

つまり，倫理やモラルというメンタルな要素が根底になるコンプライアンスの活動を上から抑え込み，高圧的な体制になると組織全体の"自発的なコンプライアンス"にはならないということである．

このような実務経験と，大学における経営倫理やCSRの研究を通じて次のようなことがいえる．それは，先に述べた"トップの強いリーダーシップ"に加えて，"自発的なコンプライアンス"体制が構築できれば，倫理的で自発性

の高い集団を生むのである．

結果として，コーポレートガバナンスにおいて期待されているところの"株主が本来果たすべき役割である，経営に対する監視・監督機能"を，経営者だけでなく従業員も主体的に担うことにつながり，いわゆる経営のモニタリング機能に連携していくのである．

1.2.2 "割れ窓の修復"と"芸術のすすめ"

内部統制を進める手法にはトップダウンとボトムアップの両方のアプローチがあり，この場合は両方のメリットを相互に補完し合う意味をもっていることはすでに述べたとおりである．このことを街づくりのガバナンスで実践している二つの対照的な好事例があるので紹介しておきたい．

2005年11月に，研究活動でニューヨーク市とフィラデルフィア市を訪れた．11月24日のニューヨークではサンクス・ギビングデー（感謝祭）のパレードが行われていた．華やかな仮装行列やパレードもすばらしかったが，それ以上に驚いたのはパレード通過後に行われたスピーディな清掃作業である．

道路一面に散乱したポップコーンやハンバーガーの紙袋などが，ものの1時間も経たないうちに，清掃車と清掃員の手によって取り除かれ，きれいな街に戻ったのだ．ここにもニューヨークの治安を回復させたルドルフ・ジュリアーニ前市長の"割れ窓修復"の活動が生きていたのである．

ニューヨークといえば，1980年代の半ばまで，地下鉄の落書きと治安の悪さで悪名高き街であった．この問題に対処するため，ニューヨーク地下鉄公団は，"割れ窓理論"で有名な犯罪学者ジョージ・ケリングを1983年に顧問に採用したのである．

ケリングは，"割れた窓の建物を放置すれば無秩序の意識が蔓延し，周辺の他の窓も壊され治安が悪化する．割れ窓は直ちに修復すべきである"と主張し，その考えをもとに公団は，車両や駅構内の落書きを徹底的に消して歩いた．

その後，1994年に検事出身のルドルフ・ジュリアーニが治安対策を公約してニューヨーク市長に当選した後，ケリングは同市の顧問としてその一役を担

1.2 ボトムアップで進める草の根の内部統制

った.

　ジュリアーニは"ゼロ・トレランス（不寛容）"政策として，5 000人規模で警察官を増員し，徹底的に落書きや軽犯罪の摘発，ポルノショップやホームレスの排除などに努め，5年間で殺人が67.5%，強盗は54.2%へそれぞれ減少させ，街に活力をあふれさせたといわれている．

　一方，割れ窓理論とは対照的な治安対策活動を展開したのがフィラデルフィアである．今回，その地を訪問してまず目を見張ったのは，街中に2 000以上もあるといわれる，ビル一面に描かれた見事な壁画である．有名人物の肖像画，プロスポーツの光景，ナイチンゲールの活動など大小様々，そして色とりどりに描かれている．

　フィラデルフィアも，以前はニューヨークと同様に落書きや治安の悪さで有名な街であった．1984年に，当時の市長ウイルソン・グートは落書きする者たちに対して落書きではなく芸術的な壁画を推奨し，街の美化運動を提唱したのである．

　巨大なビルや建物の壁画は落書きする者だけではできないことから，芸術家や一般市民も参加し，街ぐるみの壮大なプロジェクトとなっていった．その結果，落書きの減少と芸術作品の壁画の完成，さらには治安の回復という一石三鳥もの成果を生んだのである．

　治安回復を目的とした"落書き追放"という同じ山に登るにも，このように二つの市は全く正反対のアプローチで取り組んだ．

　一般的には"悪事は追放"という手段を取るが，フィラデルフィアは，悪事を"善行に転換"させることで問題解決を図りつつ，組織の活力を高める結果に結びつけた．まさに発想の転換である．

　"悪貨は良貨を駆逐する"という言葉があるが，同市はその逆手を取って，街ぐるみで"良貨は悪貨を駆逐する"ことにつなげていったところに企業経営のヒントを感じた．

　さて，現在，企業の不祥事が絶えないが，ニューヨークの徹底した"守り"と，フィラデルフィアの積極的な"攻め"，この二つの事例から学び，双方の

良い点を企業経営に取り入れてみたい．

それは内部統制の遂行に向けて，CSR の視点から考えれば分かりやすい（図表 1.3）．まずは，トップの強い意思表示とともに，不祥事を予防する制度，例えば企業行動基準の制定や，教育・研修，組織体制の構築，ヘルプラインなど社員とのコミュニケーション活動を通じて"割れ窓"が発生しないような"守りの CSR"が重要といえる．

図表 1.3　CSR の視点から見た内部統制のヒント

領域	方式	コンセプト	内部統制へのヒント
攻めの CSR	フィラデルフィア方式（芸術のすすめ）	・善行に転換 ・"良貨は悪貨を駆逐する"	・顧客満足の追求 ・従業員満足の追求 ・地域貢献活動ほか
守りの CSR	ニューヨーク方式（割れ窓の修復）	・悪事は追放 ・"悪貨は良貨を駆逐する"	・企業行動基準の制定 ・教育・研修 ・推進体制の構築 ・ヘルプライン，ホットラインの整備 ・倫理的コミュニケーション活動

しかし，倫理的な企業文化の構築にはこれだけでは十分ではない．一方では，本業を通じて CS（顧客満足）の向上や，地域や社会に貢献する従業員の育成と，その奨励を図る"攻めの CSR"が効果的である．これらの相乗効果で企業の持続可能な発展が可能となるのである．

結局，企業文化によるやわらかい内部統制も，守りと攻めを効果的に運用することが大事ということだ．特に本書のコンセプトは，"良貨は悪貨を駆逐する"という言葉を重視し，良いことをする個人が増えれば，それだけ悪事を働く人間はいなくなり，最終的に効果的な内部統制に結びつくということなのである．

1.2.3　やわらかい企業文化で"襟を正す"

草の根の内部統制の実践には，組織の構成員である従業員が，自らの意志で

自らの思考や行動を律する，すなわちセルフコントロールをできることが必要である．

内部統制という用語は，もともとインターナルコントロールを訳した言葉である．そもそもコントロールを"統制"と訳したところに，この言葉が，従業員にガチガチのイメージを与え，いかにも戦時統制下を思わせるような印象が拭い切れない原因がある．

インターナルコントロールは"組織が自ら襟を正すこと"と解釈すれば，"がんじがらめ"の統制感を与えずに済んだはずだ．

要は組織を構成する従業員のセルフコントロールが可能になれば，結果的に倫理的感受性が高い組織をめざして，従業員が主体的に取り組むことができるのである．それこそ本来の内部統制に結びつくのではないか．

倫理的感受性の強い企業文化を育むには，インフラとなる組織構造のあり方そのものを考えることも重要であり，その点からピエンタは，組織構造が階層性のない水平組織であることが効果的であると主張する[*5]．

ヒエラルキー構造の垂直型組織は多重階層であるため，コミュニケーションの伝達回路が長く，また情報が個人を通過する都度，情報濃度が希薄化し，時として内容が歪曲化され，価値の共有に時間と労力を要する弊害がある．

さらに，このような組織では権限が委譲されないため，従業員は依存心が強く，従属的な状態となる．したがって，彼らの潜在的な能力や可能性を引き出すパワーに欠ける[*6]．また，非倫理的行動に直面したとき，問題封鎖型組織として問題を顕在化させず潜在化させてしまう傾向もある．

倫理的感受性の強い企業文化を育む組織は，情報伝達における俊敏性と情報内容の濃密性，コミュニケーション能力の高さが重要である．

そのためには 3F 組織，すなわち相互にフリー（Free）な意思疎通と，階層

[*5] Pienta, D.A.(2000): The Horizontal Organization: An Infrastructure for Ethical Behavior, *Proceeding of Society for Advancement of Management, 2000*, International Management Conference, March 31th
[*6] Bowie, N.E.(1999): *Business Ethics*, A Kantian Perspective Blackwell Publishers, pp. 96-101

のないフラット（Flat）な組織で，フレキシブル（Flexible）な発想によるオープンコミュニケーションが可能となる組織形成が必要である．

3F組織の特徴は，意思決定が中央集権的ではなく権限委譲型であり，その結果として導かれる自由な発想は，創造的で豊かな思考と行動力を醸成する．つまり，他者統制型ではなく自己規制型であり，上下関係ではなく対等な関係である．

したがって，従業員には相互の信頼感が高まり，相互啓発が行われ，理性的思考や行動が醸成され，非倫理的行動に対する相互牽制と抑制効果が無意識のうちに生まれる．

また，3F組織は，権限委譲がなされることで責任感の向上が図られる．それだけではない．従業員の業務スキルの育成にもつながり，個人の自己実現サポート機能にも結びつき，結果的に倫理的感受性の高い理性的な企業文化を育むこととなる．

自己実現サポート力が強い組織は従業員の組織に対する求心力も高め，より強い信頼感と，さらなるオープンコミュニケーションにつながり，スパイラルアップで倫理的感受性の強い企業文化が醸成されることとなる．

このような柔軟性のある3F組織でない場合には，いわゆる硬直した組織となり，自己規制能力に欠け，倫理的課題に直面したときにも，問題を発生させることが多くなる．こうした組織は長い年月の間に，社内は無気力状態と化し，次のような"ゆでガエル"現象を巻き起こす．

その意味はこうである．カエルは熱湯のガラスケースに投げ込まれると，熱さに反応して瞬時に飛び出す．しかし，水を張った状態のガラスケースにカエルを入れ，下から火で加熱し徐々に水の温度を上げていくと，どうなるか．最初は水の状態から，そのうちぬるま湯となり温泉気分に酔いしれる．しかし，50℃を超すと徐々に動けなくなってしまい，最後にはそのカエルは熱湯のなかで"ゆでガエル"となるのだ．

大企業病に陥り，組織が荒廃するときに，この"ゆでガエル"現象が起こりがちである．急速にすべてが腐敗するというより，徐々に妥協とあきらめの組

織風土が蔓延し，マンネリ化，無気力状態に陥っていく．すでに異常な現象が現れているにもかかわらず，異常を異常と感じず，気がついたときには，もはや取り返しのつかない状態になっている．

このようなときに，ビジョン・オペレーショナルリーダーの発言と行動が有効に機能する．リーダーの英断と大手術があれば，企業変革につながる"新たなる価値"が創出される．失われた企業文化の回復には時間がかかるかもしれないが，異常な風土に反応する雰囲気も少しずつ芽生えてくるのであり，そのことが，企業の社風を変え，企業イメージの向上を促進する．

第 2 章　内部統制の新しい潮流

2.1　内部統制が求められる背景

2.1.1　内部統制への関心の高まりと戸惑いの広がり

2006 年 5 月に施行された会社法，また，同年 6 月に制定され 2008 年 4 月から施行される金融商品取引法（金取法，投資サービス法，日本版企業改革法＝J-SOX 法ともいわれる.）において，企業における内部統制に関する規定が盛り込まれた.

さらに，金融庁の企業会計審議会内部統制部会から"財務報告に係る内部統制の評価及び監査の基準のあり方について"が 2005 年 7 月に公表されるとともに，それを踏まえた同部会作成の"財務報告に係る内部統制の評価及び監査の基準並びに財務報告に係る内部統制の評価及び監査に関する実施基準"が 2007 年 2 月に確定した.[*1]

これらにより，内部統制が，日本企業各社においても法律的に取り組む必要のある課題となり，内部統制への関心が一気に高まった．内部統制は，それまで直接的には，米国のニューヨーク証券取引所やナスダック市場に上場し，米国企業改革法（SOX 法：サーベンス・オクスリー法）の適用を受ける企業だけの課題であった，といってもよい．

ちなみに，金融商品取引法の適用を受ける会社は，上場会社である約 4 000 社である．また，会社法の内部統制に関する規定が適用されるのは資本金 5

[*1] "財務報告に係る内部統制の評価及び監査に関する実施基準"において，対応する"財務報告に係る内部統制の評価及び監査の基準"が四角囲みで引用されており，以降，これらを総称して，"財務報告に係る内部統制の評価及び監査に関する実施基準"と表示する．

億円以上若しくは負債200億円以上のいわゆる大会社約1万社である．

では，これらの会社法や金融商品取引法の適用を受けない会社は，内部統制を自社と無縁のこととしてよいのであろうか．内部統制は単なる法的義務であり，何とかこれをクリアすれば事足れりと考えるとすれば，そのとおりである．しかし，内部統制が21世紀という現代における企業経営に有用なものであり，グローバリゼーションの巨大な激しい渦のなかで経営するにあたって不可欠なものであるとするならば，すべての企業が取り組むべきものであるといえよう．会社法及び金融商品取引法の対象となる会社，そして，本書で提示するやわらかい内部統制が有用であると思われる会社，それぞれの関係のイメージ図は図表2.1のとおりである．

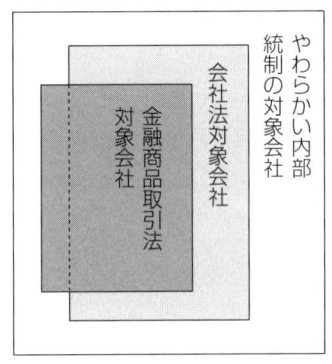

図表2.1 各内部統制の対象会社

反面，各社は，内部統制という聞き慣れない言葉でもあり，また，具体的にどのように取り組めばよいのか，戸惑いながら進めようとしている．

なぜ，このような戸惑いが広がっているのか．

まず，第1には，このような状況のなかで，先行している米国企業改革法への対応について，きわめて重装備かつ高コストであるとして，米国企業や米国に上場している米国外企業の悲鳴が聞こえてくるからである．どうも大変な作業が待ち構えているようだが，本当にそこまでの取組みが必要なのか，疑問をもちながら，しかし，やむをえず動かざるをえない，とのもどかしさが伝わ

ってくる．

　なぜ，このような状況になっているのか．それには，米国企業改革法及びこれに関する SEC（米国証券取引委員会）規則もさることながら，もう一つの大きな要因が浮かび上がってくる．それは，監査法人，経営コンサルタントなどが企業を指導する際に採用している COSO（the Committee of Sponsoring Organizations of the Treadway Commission：トレッドウェイ委員会組織委員会）の"内部統制の統合的枠組み"というデファクトスタンダードのもとでの具体的取組み方の問題である．その枠組みを採用しつつも，枠組みのなかの具体的取組みは，企業を指導する監査法人，経営コンサルタントなどの考え方によって大きく異なっている．異なってはいるが，指導する側としては，単に多額の報酬を得たいということではなく，より慎重に，ということは，より手間暇をかけて大々的に取り組むように指導せざるをえない事情がある．なぜならば，例えば，米国に上場する日本企業に対する監査は，2006 年度が最初であるからだ．その監査結果に対して，SEC がどのように判定するか，社会的にどのような反響が出てくるか，2007 年 4 月以降でしか分からない．それまでは，念には念を入れすぎるくらいにしなければ，指導する立場としての監査法人などのリスクが大きくなりすぎるとの判断である．

　第 2 には，日本の法律や行政などが大きく方向転換するなかで，戸惑いが広がっていることが挙げられる．これまでは，事前調整型社会と呼ばれるように，どのような事柄をどこまで実施すればよいのか，事前にある程度想像できるか，又は，事前調整されることが一般的であった．これは，行政だけではなく，社会全般に共通する風土でもあった．しかしながら，会社法は内部統制に関して基本項目を示すのみで到達点に触れていない．なおかつ，会社法に基づいて 2006 年 5 月以降に実施されるべきとされた内部統制に関する取締役会決議について，会社法上は内部統制を行わないと決議することも可能であった．まさに会社法は，事前調整の時代から原則自由の時代（ということは，原則事後制裁の時代）へ日本社会全体が大きく転換しつつある象徴的な法律といってよい．

このような歴史的転換期ともいうべき時代にあって，自社が内部統制に関して，どのような事柄をどの程度まで実施するのか，自らが決定し，実行していくことが要請されている．

幸いに，会社法に比べて，より具体的対応が必要となる金融商品取引法及び実施基準の施行は 2008 年春である．今ここで，内部統制の本質を把握しておくことは，法令に示されている社会からの要請に応えるとともに，単に法的義務を満たすだけではなく，それぞれの企業における持続的発展のために有益な内部統制への取組みに大いに役立つといえよう．

2.1.2 現代型企業不祥事の多発

米国や欧州，そして，日本においても，内部統制が求められる直接的かつ最大の要因として，企業不祥事の多発という事態がある．

企業不祥事が発生するたびに，"企業の体質がゆるんできて不祥事が起きている．そのゆるみを締め直さなければならない．" という論調が多い．いわば，企業の体質のレベルが下がったから不祥事が多発しているとの見方である．

本当にそうであろうか．実態を直視するならば，1990 年代以降，日本において企業不祥事が頻発しているのは，企業の体質のゆるみではなく，経営環境の変化に企業の意識と行動の変化が追いついていないということが主な要因であると思われる．なお，これは，企業だけでなく，行政機関やその他の組織なども含めて，いろいろな組織が一様に抱えている問題でもある．

このような現代型企業（組織）不祥事について，四つの典型的事例を挙げてみたい．

一つ目は，1998 年の旧大蔵省（現財務省）及び日本銀行への過剰接待事件に代表される不祥事である．旧大蔵省及び日本銀行の職員が接待を受けていたことは，この事件で初めて分かったわけではない．マスコミも警察も検察も，そして国民の多くも知っていた．では，それがなぜ以前は贈収賄に問われなかったのか．従来，贈収賄に問われるのは現金だけだった．これは旧大蔵省及び日本銀行の職員も，金融機関の幹部も知っていた．そして，贈収賄に問われな

2.1 内部統制が求められる背景

いこうした酒席で行政意図を伝えられるのは，極めて優秀なエリート公務員と思われていた．また，金融機関では，このような場を設定し，その場を通じて行政機関の意図を把握することが，いわゆるエリートとして位置づけられていた．そうした先輩や上司を見ながら後輩は育ってきた．しかし，それが贈収賄に問われ，官民ともに大きな衝撃となった．

二つ目は，1999年の東海村臨界事故に代表される不祥事である．住友金属鉱山の子会社のJCO社で，全社ルールが実行されていなかったことにより，臨界事故が発生した．全社ルールを作れば，それが実行されているはずであり，実行されていなければその職場が悪いと，当該会社の経営者は思いがちである．しかし，全社ルールの不履行はJCO社に限ったことではなく，ほとんどの企業において，全社ルールが完全に実行されているかどうかは確実ではない．JCO社の場合は，全社のマニュアルと異なるその職場独自の業務慣行という，ダブルスタンダード（二重基準）が存在した．このダブルスタンダードは，明示のものであれ暗黙のものであれ，組織にとってはいわばサイレントキラー（静かな殺人者）である．自覚症状のないまま致命傷となりうる．

三つ目は，1999年の東芝インターネット事件に代表される不祥事である．ビデオデッキの補修に端を発する電話のやりとりが当事者の一方である個人のウェブサイトに音声データとして添付され，その電話における企業の担当者の不適切な発言が話題となって，最終的にはアクセス数が800万件を超え大きな話題となった．少なくとも，その発言を聞く限りは企業サイドに非があるとの見方が大半であった．インターネット普及によって，仮に英語を使うと全世界に瞬時にして，企業をめぐる不祥事の情報が，真実かどうか分からない情報であっても流れてしまう．これは一面から見れば情報共有の面においてすばらしい時代の到来といえる．一方で，極めて危険を秘めた時代でもある．このようなインターネット社会において，企業は（そして個人も）存在し，活動している．さらにいえば，企業や個人の問題情報が一度デジタル情報となり，公開サーバに保存されている場合は，それが削除されるまでの間は，いろいろな機会に検索され続け，評価の基準となりうる．

四つ目は，2002年以降の食品偽装表示など，各種虚偽申告・虚偽記載に関する不祥事である．牛肉などの偽装表示や食品への無認可添加物の使用，又は，点検結果や株主名簿等に関して，虚偽の申告や情報開示が行われていた事例である．これらの不祥事に共通することは，経営トップを含む組織責任者の判断と行動の不適切さが大きな不祥事に発展させたことである．今でも企業不祥事が発生した場合，経営責任者まで問題の情報が届かないことが大きな課題だといわれている．しかし，果たして本当にそれだけが問題だったのであろうか．取締役などの経営責任者に問題の情報が適切に伝われば，きちんと対応・解決できたのか．これは，この四つ目の事例を見ると，明らかに"違う"場合が多いように思われる．

なお，これら現代型企業不祥事の特徴は次の四つに集約される．
- ・最終的に法律に違反していること
- ・社会常識との大きなギャップがあること
- ・責任者の不適切な判断・言動（作為か，不作為かを問わず）が関係していること
- ・日常の業務において発生していること

2.1.3　企業不祥事をもたらす主な二つの要因
(1)　経営環境の急速かつ急激な変化

日常の経営活動，そして，街のなかで聞こえる様々な言語，店頭で手に取る商品の産地名などからも感じ取れるように，いままさに，グローバル化が急速に進んでいる．このグローバル化は実質的にはアングロサクソンスタンダード化であり，さらにいえば，アメリカンスタンダード化であるといえる．日本だけでなく，時間差はあっても中国，東南アジアをはじめとして世界各国で進んでいる．

グローバル化（実質的には，先に述べたようにアメリカンスタンダード化）が進む社会において，社会の意識が変化していく方向は，"フリー（自由競争），フェア（公正），そしてオープン（情報開示・透明性）"という三つのキーワー

2.1 内部統制が求められる背景

ドで把握される．グローバル化が進む間は今後ますます，自由競争が進み，公正さと情報開示・透明性が求められる時代になると思われる．

このようなグローバル化が，日本でも20世紀末から21世紀にかけて急速に進んでいる．これを受けて，"社会の価値観"が変わり，"企業への社会的な期待"も変化してきた．しかも，急速かつ急激な外部経営環境の変化である．

まさに，現代は"昨日の常識は今日の非常識"の言葉に示される時代であり，急激な変化のなかに私たちは存在している．さらに，グローバル化が進展する間は，"フリー，フェア，オープン"の3大キーワードに関して期待される価値基準の水準が年々高くなり，今年の水準よりも来年は高くなるという変化の時代に私たちは生きている．しばらくは，このグローバル化の進展が全世界的に続くと見られている．

このような状況にあって，外部経営環境の急激な変化に対応し，組織の判断や行動のものさしを変えることが遅れている．

人は生命を維持するために，基本的には，恒常性を求める存在であり，その人の集合体である組織においては，昨日と今日の判断・行動は急には変わらない傾向がある．社会が急速に変化してきたため，組織の適応力がなかなか追いつかず，社会の意識と組織の意識・風土との間に大きなギャップが生じている．

同時に，内部経営環境ともいうべき従業員の意識も変化してきている．内部告発の大きなうねりも，この変化によるところが大きい．結果として，ほとんどの不祥事が内部告発によって明るみに出ている．現在では，組織の内部の人は，従来よりもはるかに詳細な実態を外部に伝えるようになった．これが不祥事発覚のきっかけの場合もある．きっかけだけではなく，途中の調査過程や最終段階においても，従来は機密といわれていたことを社内の関係者はよく話すようになったといわれている．

この主な理由として，当然のことながら従業員も社会の一員であるため，"フリー，フェア，オープン"をキーワードにグローバル化が進む社会の"変化する意識"を，いわば呼吸していることが挙げられる．外部経営環境が変化

し，これに応じて主な内部経営環境である従業員の意識も変わり，より"フリー，フェア，オープン"を求めるようになった．これが内部告発急増の大きな要因である．

(2) 企業に内在する同質化作用

アメリカンスタンダードの本家である米国においても，21世紀に入って，エネルギー大手のエンロン社，大手会計事務所のアンダーセン社，通信大手のワールドコム社などの不祥事が発生した．そして，これらが引き金となって，2002年に米国企業改革法が成立した．

1970～1980年代にも企業の不祥事が多数起こっており，その当時，企業倫理が米国で注目を集めた．多くのビジネススクールで，企業倫理に関する講座が開かれ，徹底的な訓練がなされてきた．しかし，現在に至って再び大企業の問題が起きている．それはなぜか．

洋の東西を問わず，また，時代を問わず，組織固有の巨大な同質化エネルギーの巨大さが存在している．組織は，企業・行政機関などを問わず，その目的を実行するために同じような価値観をもち，仕事の進め方を同じくするほど仕事がやりやすくなり，そして生産性が高まる．これは日本企業だけでなく，個人主義の国といわれる米国の企業でも同様である．このように，人が組織や集団で活動するときの基本的な要素の一つが同質化であるように思われる．

これは反面，組織を取り巻く社会の価値観が大きく変化しているにもかかわらず，内部の仕事の進めやすさや自分に対する評価の高さ，さらに，仲間内の利益を優先してしまい，結果として，社会の常識と企業の常識とのギャップが大きく開いてしまう危険性につながる．

"企業の常識は社会の非常識"という言葉がある．先ほど述べたように，企業は生産性を上げるためには構成員の仕事に対する価値観を収束させ，判断と行動のものさしを共通のものにする．一つの企業が同じ一つの価値観で動くことで生産性が上がる．これは社会の発展のために良い面であるが，反面では所属する企業を取り巻く社会の意識の変化に対する感性が鈍くなり，社会の意識の変化を感じ切れないことにもなる．たとえ，感じたとしても，実際に判断し，

行動するときには，従来と同じ価値観で動いてしまいがちである．企業にはこのような特性が内在することを理解し，その傾向の是正に具体的に取り組むことが，持続的発展を願う企業にとって大切であるといえよう．

2.2 主な内部統制の枠組み

2.2.1 会社法と内部統制

2006年5月1日に，会社法が施行された．

　形式的には，いままで分散していた会社法制（商法第2編 会社，有限会社法，商法特例法）が一つの法律に集約され，また，カタカナ文語体表記がひらがな口語体化された．本質的には，グローバルな大競争時代にあって，企業経営の機動性や柔軟性が強化されるとともに，反面，その規律の強化と健全性の確保が大きな目的であるといってよい．

　規律の強化と健全性の確保の大きな柱が，大会社に対する"内部統制システムの整備に関する基本方針の決定と開示"の義務づけである．

　すなわち，取締役の職務執行が法令や定款に適合するなど，会社の業務の適正を確保するために，その基本方針を2006年5月1日（施行日）以降に開催される最初の取締役会で決議すること，さらに，決議内容を株主への事業報告に記載することが義務づけられたのである．義務づけられた会社は，いわゆる大会社（資本金5億円以上若しくは負債200億円以上）である．大会社であれば，上場しているか非上場であるかを問わずに対象となる．

　会社法における内部統制の特徴は次のとおりである．

- 内部統制の対象業務は業務全般．
- 内部統制が機能しているか否かを評価する義務はない．
- 監査を受ける義務はない．
- 企業グループ全体が対象．
- 対象となる会社は，いわゆる大会社．

・取締役会決議を行わない場合であっても，罰則はない．

大会社のうち，取締役会及び監査役設置会社において，上記の取締役会で決議すべき事項は，次のとおりである．なお，それぞれをどこまで実施すればよいのかについては触れられていない．

① 取締役の職務の執行が法令及び定款に適合することを確保するための体制その他株式会社の業務の適正を確保するために必要なものとして法務省令で定める体制の整備（会社法第362条第4項第6号）
② 取締役の職務の執行に係る情報の保存及び管理に関する体制（会社法施行規則第100条第1項）
③ 損失の危険の管理に関する規程その他の体制（同上）
④ 取締役の職務の執行が効率的に行われることを確保するための体制（同上）
⑤ 使用人の職務の執行が法令及び定款に適合することを確保するための体制（同上）
⑥ 株式会社並びにその親会社及び子会社から成る企業集団における業務の適正を確保するための体制（同上）
⑦ 監査役がその職務を補助すべき使用人を置くことを求めた場合における当該使用人に関する事項（会社法施行規則第100条第3項）
⑧ 前号の使用人の取締役からの独立性に関する事項（同上）
⑨ 取締役及び使用人が監査役会又は監査役に報告をするための体制その他の監査役への報告に関する体制（同上）
⑩ その他監査役会又は監査役の監査が実効的に行われることを確保するための体制（同上）

この10項目に共通する留意すべき点は，次のとおりである．

・執行機能と監督機能を分離する．
・専任・兼任を問わず，必要な役割を担う機能を組織する．
・業務の基本的プロセスを文書として明示する．
・業務に関する基本的記録を作成し，保管し，確認できるようにする．

・PDCA（Plan‐Do‐Check‐Act）のマネジメントサイクルを回す．

2.2.2 金融商品取引法と内部統制

金融商品取引法とは，2006年6月7日に成立した"証券取引法等の一部を改正する法律"によって生まれたものである．

その目的は，金融・資本市場を取り巻く環境の変化に対応するために，投資者保護のための横断的法制を整備することであった．これによって，利用者保護ルールの徹底と利用者利便の向上，"貯蓄から投資"に向けての市場機能の確保，さらに金融・資本市場の国際化への利便を図るとされている．

改正にあたって，まず証券取引法が"金融商品取引法"として全面的に改められるとともに，いくつかの関係する法律が整備された．具体的には，規制対象商品の拡大などによって，投資性の強い金融商品・サービスにすき間なく同等の規制をかける横断的な制度を整備した．また，それだけでなく，次のような視点で改正を図った．

・いわゆるプロ向けと一般向け（投資家の知識・経験），商品類型等に応じて差異のある規制を設けるなどといった柔軟化
・財務報告に係る内部統制に関する制度整備などといった情報開示の充実
・開示書類の虚偽記載についての罰則の強化など

罰則の強化の例を挙げると，有価証券届出書の虚偽記載に対する法定刑は，現行"5年以下の懲役又は500万円以下の罰金"から"10年以下の懲役又は1000万円以下の罰金"へ引き上げられた．

なお，財務報告に係る内部統制の強化等に関する制度整備は，2008年4月1日以降に開始する事業年度から適用される．つまり，日本の企業の多くは3月度決算であるから，2008年度から適用されることになる．さらにいえば，今回新設された四半期報告制度に対する適用も同じである．

さて，日本版企業改革法とも呼ばれる金融商品取引法そのものにおいて，内部統制について触れられていることは，次の2点だけである．

すなわち，有価証券報告書提出会社のうち，上場会社及びその他政令で定め

る会社は，事業年度ごとに当該会社の属する企業集団及び当該会社に係る財務計算に関する書類その他の情報の適正性を確保するための体制について評価した報告書（内部統制報告書）を有価証券報告書とあわせて内閣総理大臣に提出すること，そして，その内部統制報告書は，公認会計士又は監査法人の監査証明を受けなければならないことである（金融商品取引法第24条の4の4，193条の2第2項）．

金融商品取引法における内部統制の特徴は，次のとおりである．

- 内部統制の対象業務は財務報告に関係するものである．
  しかし，財務報告に関する業務が他の業務や制度・風土と全く独立して行われているのではないことを忘れてはならない．
- 内部統制の体制が構築され，かつ，機能しているか否かの評価義務がある．
- 監査を受ける義務がある．
- 企業グループ全体が対象．
- 対象会社は，上場会社が基本．
- 内部統制報告書を提出しない場合，また，虚偽の内容の報告書を提出した場合，罰則がある．

なお，内部統制報告書を作成する際に，すべての業務を経営者自身が確認することは現実的に不可能であるから，業務の遂行がルール化され，また，ルールに従って業務が遂行されているかを確認する体制が構築されていること，さらに，それが運用されていることを確認するとともに，重要な基本的事項については自ら確認することが大切であるといえよう．

これまで述べてきた会社法及び金融商品取引法における内部統制，さらに本書で提示するやわらかい内部統制，それぞれの要素の比較イメージ図は図表2.2のとおりである．

2.2.3 "財務報告に係る内部統制の評価と監査に関する実施基準"と内部統制

金融商品取引法の内部統制に関する具体的かつ実質的内容を示しているもの

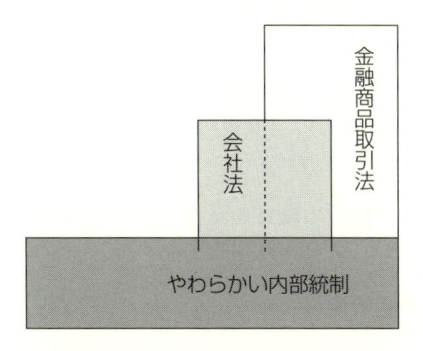

図表 2.2 内部統制要素の比較

が,"財務報告に係る内部統制の評価及び監査に関する実施基準(2007年2月確定)"である.

タイトルにあるように,究極の目的は,"財務報告に係る内部統制"に限定されている実施基準である.

しかしながら,財務報告に係る内部統制が他の内部統制から独立して存在しないこと,また,おそらくは日本発のグローバルな内部統制のデファクトスタンダードとしたいとの関係者の思いから,その冒頭に,"I. 内部統制の基本的枠組み"を置き,内部統制の定義,基本的要素,その限界,さらに内部統制に関係をもつ者の役割と責任などを述べている.

現在のグローバルな内部統制のデファクトスタンダードとされているCOSO "内部統制の統合的枠組み"が発表されたのは,1992年である.その後の社会・技術の変化と発展は急激であった.COSOレポートの内部統制に関する古典的枠組みとしての輝きは今も変わらないものの,満を持して発表された今回の"I. 内部統制の基本的枠組み"は,視点・内容ともにより充実したものとなっているといえよう.

具体的には,内部統制の定義(目的)として,
① 業務の有効性及び効率性
② 財務報告の信頼性
③ 事業活動に関わる法令等の遵守

④　資産の保全

を挙げるとともに，これら四つの目的の関係を説明している．COSOレポートにおける三つの目的に，④の"資産の保全"を独立させ追加したものである．

　当然のことながら，これらの項目を見ると，内部統制は本来，より良い，また，より強い経営をめざした経営管理であることを示していることが分かる．

　次に，内部統制の基本的要素として，

　①　統制環境
　②　リスクの評価と対応
　③　統制活動
　④　情報と伝達
　⑤　監視活動（モニタリング）
　⑥　IT（情報技術）への対応

を挙げている．COSOレポートにおける五つの基本的要素に，⑥の"IT（情報技術）への対応"を追加している．近年のIT（情報技術）が急速に発展して，企業経営に不可欠のものとなっている実態を反映したものである．

　さらに，内部統制の限界について，"内部統制は，判断の誤り，不注意，複数の担当者による共謀によって有効に機能しなくなる場合があること"，また"当初想定していなかった組織内外の環境の変化などには必ずしも対応しない場合があること"，さらに，"経営者が不当な目的のために内部統制を無視ないし無効ならしめることがあること"にも触れている．では，内部統制は無力なのだろうか．逆である．内部統制の限界を知ってこそ，より有効な経営管理が可能となる．

　なお，ここで言及されている限界を最小限に抑えるものとして，本書が提言する"やわらかい内部統制"が有効であることを付言しておきたい．

　この実施基準は，上記"Ⅰ.内部統制の基本的枠組み"に加えて，"Ⅱ.財務報告に係る内部統制の評価及び報告"，さらに，"Ⅲ.財務報告に係る内部統制の監査"によって構成されている．

"Ⅱ. 財務報告に係る内部統制の評価及び報告"は，経営者が自社の内部統制を評価し，それを報告するにあたっての実施基準であり，"Ⅲ. 財務報告に係る内部統制の監査"は，監査法人が内部統制監査を行うにあたっての実施基準である．

それぞれ，重装備かつ高コストとの非難を浴びている米国企業改革法の轍を踏まず，さらに，日本発のグローバルデファクトスタンダードをめざそうとの関係者の意気込みが感じられる．具体的内容は，金融庁のウェブサイトで確認してほしい．

ただし，この実施基準の活用について注意すべきことは，いわば細大漏らさずに記載されている内容すべてに基づいて，自社の取組みを進めないことである．このように取り組めば，重装備かつ高コストに陥る危険がある．

それぞれの会社の経営理念に基づき，本書で提言している"やわらかい内部統制"の視点と仕組みによる取組みを構築した後，いわば漏れを探るチェックリストとして実施基準を活用する方法をお勧めしたい．

2.2.4 COSOと内部統制

COSO"内部統制の統合的枠組み"は，いわゆるCOSOキューブといわれる立方体で理解される．その立方体は，内部統制の目的，内部統制の構成要素，そして，これらが企業全体や企業のなかの事業単位・活動に関連していることが示されている（図表2.3）．

内部統制の目的は，次の三つであるとしている．
　① 業務の有効性と効率性（業務を効果的に管理すること）
　② 財務報告の信頼性（信頼できる財務諸表を作成すること）
　③ 関連法規の遵守（関連法規の遵守を確かめること）

また，内部統制の構成要素は五つであるとして，次のとおり挙げている．
　① 統制環境（企業風土やコーポレートガバナンスなどにかかわるもの．以下の4要素が機能するための最重要基盤となる）
　② リスクの評価（外部環境リスクや事業リスクなどを評価）

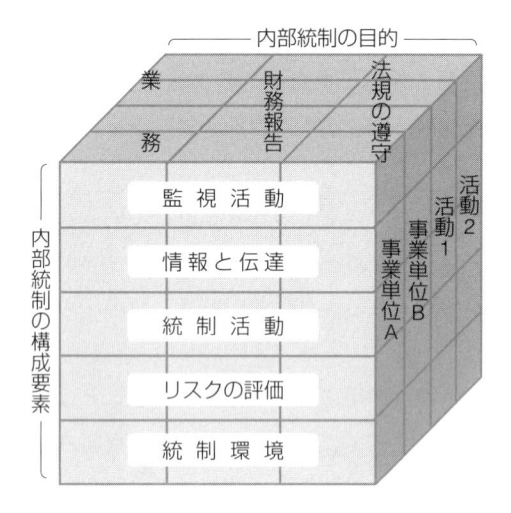

図表 2.3 いわゆる COSO キューブ

出典 COSO（鳥羽至英ほか訳）(1996)：内部統制の統合的枠組み理論編，白桃書房

③ 統制活動（経営方針や社内規程に従った日常の業務活動）
④ 情報と伝達（他の構成要素にかかわる情報を適時・適切に伝達）
⑤ 監視活動（業務の日常的管理監督行為及び内部監査行為）

なお，COSO は 2004 年に"エンタープライズリスクマネジメント"というレポートを公表した．いわば，全社的なリスクマネジメントの枠組みである．このレポートは"内部統制の統合的枠組み"を発展させたものと見られる．しかしながら，COSO 自身が"内部統制の統合的枠組み"は継続していると述べているとおり，現在も 1992 年のレポートがデファクトスタンダードとして活用されていることを付記しておく．

2.3 "やわらかい内部統制"とは何か

2.3.1 内部統制のこれまで

内部統制（Internal Control）という言葉が社会的に取り上げられるようになった契機は，先に述べた COSO が 1992 年に"内部統制の統合的枠組み"というレポートを出したことである．COSO は，米国公認会計士協会，米国会計学会，内部監査人協会，管理会計士協会，財務担当経営者協会の 5 団体から構成された組織であり，"トレッドウェイ委員会組織委員会"がその名称であることは先に述べたとおりである．

トレッドウェイ委員会とは，1980 年代に米国で財務報告に関する不祥事が多発したことから，この対策を検討するために 1985 年に設置された"不正な財務報告に関する全米委員会"のことである．その委員長の名前をとってトレッドウェイ委員会と呼ばれている．COSO は，そのトレッドウェイ委員会を支援する組織による委員会である．トレッドウェイ委員会は 1987 年に報告書"不正な財務報告"を提出して，その活動を終えた．これを受けて設置されたCOSO が，1992 年に先に述べた内部統制レポートを世に問うたのである．

その後，米国や欧州で内部統制をめぐる論議が盛んになり，2001 年以降のエンロン社やワールドコム社などの不祥事が発生するなか，米国政府と産業界の間で行われていた，いわば綱引きが一気に決着して，2002 年 7 月の米国企業改革法の成立を見た．

このような経過を見ていくと，内部統制は歴史的に，企業不祥事の発生と極めて深い関係にあることが分かる．同時に，COSO の"内部統制の統合的枠組み"がデファクトスタンダードとなっているゆえんでもある．

日本においても，内部統制が企業経営の大きな課題として提起されたのは，企業不祥事に関する二つの株主代表訴訟における判決と和解所見であった．

一つ目は，2000 年 9 月に大阪地裁で判決が出た旧大和銀行ニューヨーク支店の巨額損失事件に関する株主代表訴訟においてである．判決では社内のリス

ク管理(内部統制システムの構築)の怠慢が取締役の善管注意義務及び忠実義務違反に問われ,賠償責任を正面から認定した日本における事実上初めての判例となった.

もう一つは,2002年4月の神戸地裁の和解所見である.これは,旧神戸製鋼所が総会屋に利益供与を行ったことに関する株主代表訴訟においてであり,"大企業の取締役は,違法行為等がなされないよう内部統制システムを構築すべき法律上の義務がある"という判断が出された.

ここで,内部統制とは何かを整理しておきたい.

COSOの"内部統制の統合的枠組み"によれば,内部統制とは,"以下の範疇に分けられる目的の達成に関して合理的な保証を提供することを意図した,事業体の取締役会,経営者およびその他の構成員によって遂行されるプロセスである"[*2]とし,その目的として,①業務の有効性と効率性,②財務報告の信頼性,③関連法規の遵守を挙げている.さらに,内部統制の構成要素として,①統制環境,②リスクの評価,③統制活動,④情報と伝達,⑤監視活動(モニタリング)の五つを挙げている.

また,企業会計審議会内部統制部会の"財務報告に係る内部統制の評価及び監査に関する実施基準(2007年2月確定)"によれば,内部統制とは,基本的に,①業務の有効性及び効率性,②財務報告の信頼性,③事業活動にかかわる法令等の遵守並びに④資産の保全の四つの目的が達成されているとの合理的な保証を得るために,業務に組み込まれ,組織内のすべての者によって遂行されるプロセスをいい,①統制環境,②リスクの評価と対応,③統制活動,④情報と伝達,⑤監視活動(モニタリング)及び⑥IT(情報技術)への対応の六つの基本的要素から構成される,としている.

これらはそれぞれ厳密な定義ではあるが,その本質と総合的なイメージを伝えるものとしてはあまりに煩雑であるといわざるをえない.

[*2] COSO(鳥羽至英ほか訳)(1996):内部統制の統合的枠組み理論編,白桃書房

2.3.2 これまでの内部統制の課題

米国企業改革法に代表される従来の内部統制及び2008年春の金融商品取引法（内部統制）の施行に向けての内部統制の課題として，次の4点を挙げることができる．

まず，第1に，その目的である．

単に財務報告の正確性だけをめざすだけであってよいのだろうか．その目的のためだけに，これだけの労力を投入することが社会の発展のためになるのだろうか．また，せっかくの労力を投入するのであるから当該企業にとって，さらに社会全体として，持続的発展につながるような目的に目を向けていくべきではないか．

また，当然のことながら，企業経営は個々の業務がいわばブツ切り状態にあるのではなくて，直接・間接的に相互に関係し合っている．例えば，財務報告に関する業務が他の業務と全く分離して存在しているのではなく，極端にいえば，企業内のすべての業務に関係しているのである．

内部統制に直接関係する企業人も，間接的に関係する企業人も，多くの人がこのような思いをもちながら，しかし，デファクトスタンダード化した手法に従って取り組まざるをえないとの鬱々とした心情にあるのではないだろうか．

第2に，その費用対効果比の問題である．

膨大な手間暇をかけて取り組んでいる割には，その効果はいかがなものであろうか．米国においても，企業改革法が実施されて以来，社内の取組みやコンサルタントに支払う膨大な費用についての悲鳴だけが高くなっている．これはまた，米国の証券取引所に上場している日本企業も同様である．もっと有効で効果的な視点と取組みが登場すべきときがきている．

第3に，日本における会社法と金融商品取引法における内部統制の整合性の問題である．

確かに，現時点では，会社法対応部門と金融商品取引法対応部門は，特に大企業において異なる部門が対応している場合がある．このままでは，担当部門による個別最適は達成できても企業全体における全体最適は実現できないと思

われる．内部統制に対する統一的全社方針のもとに統合的に実施されることが望ましいことはいうまでもない．

第4に，これに関係する様々な用語と手法の乱立である．

企業倫理，コンプライアンス（倫理・法令遵守），CSR（企業の社会的責任），さらに，コーポレートガバナンス（企業統治），リスクマネジメントなど，様々な用語と手法が時間差をおいて，独自に，あるいはいくつかが一体のものとして紹介されている．

何がどのように関係しているのか，あるいは，関係していないのか，よく分からないとの声が多くの企業関係者から聞こえてくる．

さらに，これらのテーマを投げかけられた第一線の職場からは，取捨選択をしてほしい，取り組むべき優先順位をつけてほしい，でなければ，現場は新しいテーマを消化できず混乱するばかりだ，との声が上がっていた．

これに付け加えて，内部統制が登場したいま，関連する諸概念について統合的視点と構成が求められている．

法令遵守を主な要素の一つとする企業倫理，その企業倫理を基盤とするCSR，といういわば入れ子の構造がある．もう一方で，リスクマネジメントを主な要素の一つとする内部統制，その内部統制を大きな要素とするコーポレートガバナンス，という同じく入れ子の構造がある．前者が目的分野であり，後者が手法分野であると考えれば，混乱を回避し，すっきりするのではないか．

2.3.3 いま求められる新たな内部統制の条件

グローバル化が急速かつ急激に進んでいる．金太郎アメといわれたかつてのような一枚岩の組織は望むべくもない．"フリー，フェア，オープン"をキーワードとして，社会の意識が変化するなか，企業や社会を構成する個人の意識も急速に多様化している．また，個人の"企業からの自立"が企業側から要請されている．大量工業社会のように均質な製品を効率的に生産することよりも，個々人の創意工夫が重要になった時代では，多様化がますます進んでい

く.このような時代において，精神論や慣行だけで業務を行うことはすばらしい結果を残す可能性はあるが，これが反転して大きな問題を発生させる可能性も常につきまとい，業務の品質と効率が一定しないという大きな課題となる．

業務の品質と効率を一定のレベル以上に安定させるためには，なんらかのマネジメントシステムが効果的であることは，例えば，製造業でいえば開発・生産・販売において確認されている．また，これが社員の意識や価値観に関することでも一定程度有効なことは，すでにコンプライアンスマネジメントシステムにおいて広く実感されているところである．ただし，なんらかのマネジメントシステムが効果を上げることは間違いがないとしても，多数のシステムが並立することによって職場の混乱を招き，疲弊をもらたすことも事実である．

これらを背景として，いま求められている新たな内部統制のポイントは大きく三つある．

① マネジメントシステムの標準化
② 士気向上，風通しのよさにつながる職場や会社の風土醸成
③ 様々な内部統制の整合化

第1に，マネジメントシステムの標準化，言い換えれば，基盤となるマネジメントシステムを選定し，その基盤システムの上に必要なサブシステムを構築することが必要であろう．

このときに注目すべきは，米国連邦量刑ガイドラインである．いわば企業不祥事防止に関するマネジメントシステムの源流ともいえよう．

個人を対象とする量刑ガイドラインは1987年に，そして，企業を含む組織を対象とする量刑ガイドラインは1991年に制定されている．

このガイドラインによれば，連邦法上有罪となった企業の法令遵守への取組みの程度に応じて，量刑が最大で基準の4倍に，最小で基準の1/20になり，最大と最小の格差は80倍にも達することとなる．

なお，米国連邦量刑ガイドラインは2004年に改正され，法令遵守の取組みだけではなく，企業倫理への取組みも追加して評価されることとなった．この改正は，不祥事の防止のためには企業倫理を尊重する風土の構築が大切である

との認識からであろう．

　この米国連邦量刑ガイドラインにおける取組み評価要素とおおむね同趣旨の内容が，日本経済団体連合会から会員会社代表者への"企業倫理徹底のお願い（2006年9月19日）"のなかに記載されているので次の7点を紹介したい．
　"コンプライアンス体制の整備と見直し
　　① 各社独自の行動指針の整備・充実
　　② 企業倫理担当役員の任命や担当部署の設置等，全体的な取組み体制の整備
　　③ 企業倫理ヘルプライン（相談窓口）の整備
　コンプライアンスの浸透と徹底
　　④ 経営トップの基本姿勢の社内外への表明と具体的な取組みの情報開示
　　⑤ 役員を含む階層別・職種別の教育・研修の実施，充実
　　⑥ 企業倫理の浸透・徹底状況のチェックと評価
　不祥事が起きた場合の対応
　　⑦ 適時的確な情報開示，原因の究明，再発防止策の実施，ならびにトップ自らを含めた関係者の厳正な処分"[*3]

　第2に見落としてはならないことは，業務に関する判断と行動のすべてを文書化し，仕組みを作ることはできないということである．日本には聖徳太子の時代の"十七条の憲法"に示される考え方がある．基本的な価値観があれば，ルールは少数の重要な項目だけでよいとするものである．

　米国で，職場の生産性にどのような事柄が大きく影響を与えるかという古典的実験が1927年から行われた．ウェスタンエレクトリックという会社のホーソン工場で行われたことから，ホーソン実験といわれている．結論として，それは感情であり，また，職場の人間関係であった．これらが生産性だけではなく，業務の品質ともいえるコンプライアンスにも大きな影響を及ぼすことは，米国連邦量刑ガイドラインの2004年の改正や現代型企業不祥事の事例を見る

[*3] http://www.keidanren.or.jp/japanese/news/announce/20060919.html

と明らかである．まさに，職場や会社の風土いかんによって，業務の生産性や品質が大きく上がりもし，下がりもするのである．

第3に，日本における会社法と金融商品取引法などにおける内部統制の整合性を図ることが重要である．それぞれに対して個別に対応することは，マネジメントシステムの乱立と同様の混乱をもたらすといってよい．様々な内部統制の取組み項目と到達基準に向けての取組みを別個に行うことはあまりに無駄である．職場や会社の良き風土のもと，シンプルなマネジメントシステムが構築され，機能することが待望される．

2.3.4 やわらかい内部統制とは何か

前述した"これまでの内部統制の課題"，さらに"いま求められる新たな内部統制の条件"などから新たな内部統制の枠組みが浮かび上がってくる．

それは，自らの経営理念に裏打ちされた企業風土のもと，シンプルなマネジメントシステムによって運営される内部統制の枠組みである．

やわらかい内部統制とは，根底に社会の発展に役立つという確固たる経営理念のもと，常に経営者から社員までを含む企業文化・風土を，風化を折々に防止しつつ，維持・発展させるとともに，社会の変化をいわば呼吸しながら柔軟にマネジメントシステムの体制と運用を変化させることができる内部統制である．

これは，すべての企業に対して，"より良い，より強い企業の構築"を支援する考え方と取組み策となることをめざすものである．併せて，会社法，そして，金融商品取引法が適用される企業についても，それぞれの法令対応業務，また，報告・監査対応業務をより有効に，かつ，生産性高く遂行するための基盤を提供するものである．

やわらかい内部統制では，まず，経営者が自らの経営管理を達成するためのものが内部統制である，という視点に立つ．いわゆるCOSOキューブにおける内部統制の目的を振り返ってみよう．業務の有効的かつ効率的な管理を行いながら，関連法令の遵守と正確な財務報告の作成をめざすものであった．本来，

内部統制とは，経営者が自らの経営管理を達成することによって，社会に役立つ存在として持続的に発展することをめざすものなのである．

ハード面では，重要な項目についての仕組みを再編成・構築する際の基盤となる枠組みとして，コンプライアンスマネジメントシステムを活用する．これはまた，リスクマネジメント，そして，コーポレートガバナンスと密接に連関し，つながるものである．このようなシンプルな仕組みを構築することによって，社内外の変化に迅速かつ低コストで対応することが可能となる．さらに，最も重要なこととして，社内への浸透が容易になることを挙げたい．

ソフト面で，大切な要件は次のとおりである．

まず，経営トップがリーダーシップを発揮することである．明確かつ納得度の高い方針の提示と言行の一致が問われる．

次いで，社会の発展に役立つという経営理念のもとでの企業文化・風土の構築と絶えざる刷新が大切である．企業文化・風土は風化しやすいという傾向がある．常に，絶えざる刷新，いわば，サビ落としが必要であるといえよう．

これからの日本社会は，原則自由であるとして，経営活動を行った後，問題があれば事後制裁が待っている社会に向かっている．このような社会においては，社会の価値観を敏感に把握しつつ，自らの価値観に基づく企業行動をとることが最も大切である．企業倫理を基盤とするコンプライアンスに基づきながら，CSRのなかのどの項目に注力していくか，リスクマネジメントを主な要素の一つとする内部統制の何を，どこまで取り組むのか，そして，どのようなコーポレートガバナンスを実施して自らの存在を持続させていくのか，基本的には企業ごとに自ら考え，実施していくことが求められる社会である．

第3章　内部統制の基盤となるコンプライアンス

3.1　改めて，コンプライアンスとは何か

3.1.1　コンプライアンスこそが信頼の基本

　企業不祥事が発生すると，その企業は，長年培われた企業への信頼や信用が著しく損なわれ，経営上計り知れないダメージを被ってしまう．消費者，国民，社会から，そのような企業への怒りや不信が急激に高まる．不祥事を引き起こした企業は，社会からコンプライアンス，内部統制，リスクマネジメントなどの各側面で，不十分な対応や不適切な企業体質を指摘され，様々な具体的対策に追われる．

　1990年代の企業不祥事の多くは，経営トップ層が直接関与する経営中枢の腐敗による反社会的行為が主な原因であった．一方，最近では，経営トップ層よりはむしろ"業務の現場による違法・不正行為"が多くの原因となっている．これは，現場の業務運営面におけるモラルの崩壊や規律のゆるみが生じて，業務相互牽制の手抜きやチェック機能の形骸化などを招き，コンプライアンス違反による不祥事へとつながる．役員・従業員が，社会や経営環境の変化に順応できないまま，経済的利益を追求するあまり，コンプライアンス意識が希薄化し，業務遂行に際して問題解決を先送りするなど，事態は深刻である．

　企業不祥事が発覚した場合，第1に，緊急異常事態が発生したのに経営上層部へ実情が迅速に報告されていないこと，第2に，緊急の社内調査を実施するものの，とかく隠そうとする企業体質を映じて，正直に実情を公表しないこと，第3に，社会に対する情報開示が不十分で，内容が二転三転する間に，内部告発によってさらに違法・不正実態が発覚すること，第4に，現場では

不正行為の認識があるにもかかわらず，見て見ぬ振りをする，黙認するなどしている間に，本当の事件に発展してしまうこと，第5に，業務遂行上のわずかな変化や予兆を見逃し，いつの間にか大事件につながること，第6に，経営陣が実情の把握に手間取り，記者会見などの場面で，率直な説明と真摯な謝罪が遅れること，などからさらに企業イメージの急落を招いている．

コンプライアンス違反が主因である企業不祥事のケースでは，上記第5の事例のように，日常業務の場面で単純ミスや事故の予兆を見逃し，いつの間にか大事故，大事件につながっていることが多い．現場の管理職・社員等が，現場で発生するごく小さな変化・予兆などを的確に捉えずに，業務マニュアルに従い形式的に業務を行っていることや相互牽制が十分機能しないことなどが原因となっている．

労働災害の発生確率についての"ハインリッヒの法則"[*1]によると，"1件の死亡や重傷のような重大災害が発生する背景には，29件のかすり傷程度の軽災害があり，さらにその裏には300件のヒヤリとする，ハットする体験がある"といわれている．したがって，300件の"ヒヤリ・ハットの体験"を生かしていかにして軽災害にしないか，29件の軽災害を大事故の発生につながらないようにするかについて，役員・従業員が工夫することが求められている．

このような対応の背景には，経営陣をはじめ従業員に，"コンプライアンスは，業務の遂行と一体となって行われる"との意識が定着していないことが挙げられる．社内でコンプライアンス研修が行われていても，参加者は"受動的に"研修に参加しており，"自ら能動的に"コンプライアンスを実践し，行動するという意識が薄い．

このような企業不祥事に対して，どのような手を打てば経営の危機を防止で

[*1] ハインリッヒの法則は，ハーバード・ウィリアム・ハインリッヒ（1886–1962）が，米国の損害保険会社，技術・調査部副部長時代の1929年に発表した論文で提起した法則である．同一人物が起こした同一種類の労働災害5 000件余を統計学的に調査・計算して導いたものである．災害防止のバイブルとして多数の著作物に引用された結果，ハインリッヒは"災害防止のグランドファーザー"と呼ばれている．

きるのであろうか．基本対策としては，消費者や社会の信頼を維持し向上させるため，コンプライアンスの実践を"能動的"に，"主体的"に，"誠実に"取り組み，行動することが求められている．

3.1.2 コンプライアンスの真の意味

近年，企業倫理以上にコンプライアンスという用語が多くの企業で使用され，注目を集めている．"コンプライアンス"（compliance）は，一般的に"服従，応諾，承諾，追従"，医薬の分野では"服薬順守"などの意味があるとともに，"関係者の願い・要請などに対応する"，"ルール，約束，法律などに従うこと"などの意味がある[*2]．

ビジネスの世界におけるコンプライアンスが，狭義で関係法令を守る"法令遵守"を意味するのは，1960年代から米国において独占禁止法違反事件など各種の法令違反が発生し，この対策として企業がコンプライアンスプログラムを作成し実践したことなどに起因する．

一方，近年わが国でも企業不祥事が続発したことから，企業戦略や企業存続のためにもコンプライアンスが重要課題となっている．コンプライアンスの実践に際し，関係法令等の法規範を遵守する"法令遵守"（狭義）は最低限の義務である．企業は，経済的存在であるとともに，社会的存在として社会に与える影響が大きいことから，単に法令を守ればよいというものではなく，さらに諸規定・マニュアル等の"社内規範の遵守"や，社会の良識・常識等の"社会規範の遵守"を包含した"法令等遵守"（広義）として，広く解釈して行動することが望ましい．例えば，金融庁では，金融検査マニュアルにおいて，"法令等遵守"態勢の整備・確立を求めている．

有力企業（三菱地所，オリックス，ベネッセコーポレーションなど）では，

[*2] compliance
1. The act or fact of obeying a rule, agreement, or law.
2. the tendency to agree too willingly to someone else's wishes or demands.

出典：Longman Advanced American Dictionary

コンプライアンスについて"第1段階の法規範，第2段階の社内規範，第3段階の社会規範をそれぞれに遵守するほか，第4段階として，理念・ビジョン，計画に適う行動を取る"ということまでを包含する，従来よりも広い意味に捉え実践している．

したがって，わが国産業界におけるコンプライアンスの定義は，次のように要約できる（図表3.1）．

④理念・ビジョン・計画に適う行動
（経営理念，経営哲学，価値観等）

③社会規範の遵守
（社会の常識・良識）

②社内規範の遵守
（社内規則，業務マニュアル等）

①法令遵守
（法律，政令，省令等）

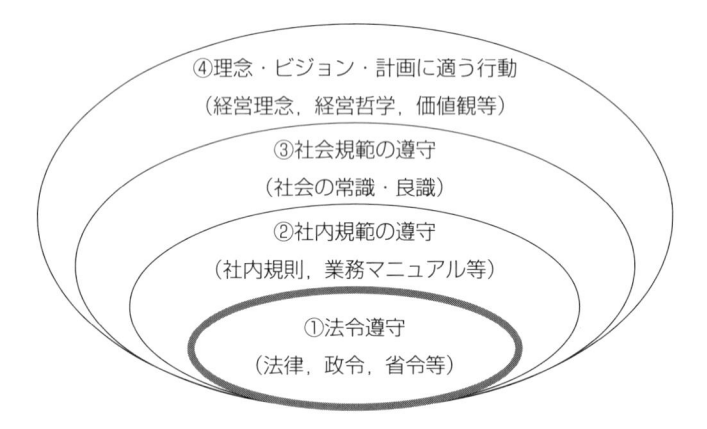

図表 3.1 コンプライアンスの定義——狭義から広義への広がり

第1の"法令遵守"（①）は，法律，政令，省令等の遵守であり，狭義の定義である．

第2の"法令等遵守"（①＋②＋③）は，さらに社内規則，業務マニュアル等の社内規範の遵守と社会の常識・良識等の社会規範の遵守までを包含する広義の定義である．多くの企業人がこの意味で捉えている．

第3の"理念・法令等遵守"（①＋②＋③＋④）は，第2の定義に加えて，経営理念，経営哲学，価値観等を踏まえて"理念・ビジョン・計画に適う行動"という，企業行動全般まで広げた最広義の定義である．

企業にとって，コンプライアンス体制を構築してコンプライアンスを定着させることこそが，不祥事の防止をはじめ，企業ブランドの維持や社会からの信頼の向上につながる．そのためには，経営トップのリーダーシップの発揮とコ

ミットメント,コンプライアンス委員会の設置,コンプライアンス担当役員・責任者の任命,担当部署の設置,教育・研修プログラムの作成と実施,内部通報制度の設置と運営,モニタリング・監視体制の整備など,コンプライアンスの内部制度化と適正な運営が求められている(3.2節参照).

さらに,社会から望まれる"誠実な企業"として,持続的発展を遂げるためには,コンプライアンスを実践し定着することができる倫理的な企業文化や企業風土の醸成が望まれている.

コンプライアンスの真の意味は,"ビジネスにおける誠実性である"と筆者は認識している.すなわちコンプライアンスは,①組織を構成する経営者・従業員の人間としての倫理観をベースに,②職業をもつ人にかかわる職業倫理・専門職倫理や,③企業経営に携わるトップマネジメントとしては,企業使命・経営理念などに基づく組織倫理といった,すべての倫理観の基盤をなしていると考える.企業人として,関係者の願い・要請などに対応して企業活動をどのように正しく行うかに関する,すべての倫理問題の基盤がコンプライアンスの真の意味と考えられる.

3.1.3 経営理念に基づくコンプライアンス

経営理念は,企業の経営方針,経営戦略の策定や意思決定をする際の拠り所となり,組織の全メンバーが行動を起こすときの精神的支柱として,企業の諸活動の基本方針となる.

まず,大半の企業の経営理念には,上位概念としての創業の精神,企業使命,企業理念,社是・社訓,経営理念など長期的に守るべき理念・哲学があり,次いで中位概念として企業目的,事業目的,経営方針などを示し,下位概念として行動指針や行動基準,行動規範などを列挙する,という体系的な階層性をもって構成されている.さらに,経営理念を俯瞰すると,企業使命・価値を基軸として,事業目的,経営方針,経営戦略,行動指針が相互に関係している(図表3.2).このように経営理念には,すでにコンプライアンスの実践が当然のように組み込まれている.

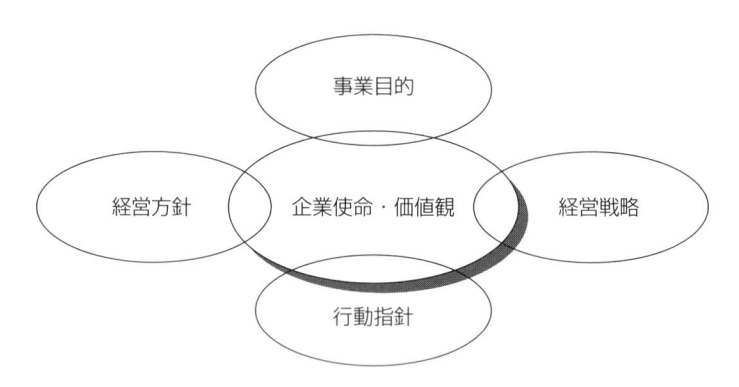

図表 3.2 経営理念の俯瞰図
出典　田中宏司(2005)：コンプライアンス経営［新版］, p.46, 生産性出版

　近年，長い伝統をもつ名門企業，一流企業といわれる大手企業が，不祥事を起こしているが，これらはいつのまにか経営理念の言葉や文章だけが形式的に掲げられ，経営理念が空洞化していたことが真因と見られる．

　このような経営理念は，各企業によって様々な表現がなされているが，次のような多くの共通点が見られる．

- 経営理念は，経営の"導きの星"として羅針盤の役割を果たしている．
- 経営理念には，経営哲学から具体的な行動基準やコンプライアンスの実践まで広範囲に明示されている．
- ステークホルダー重視の姿勢が，明確に表現されている．
- 企業は誰のものか，どのように運営されるべきかなど，コーポレートガバナンスと内部統制の実践が簡潔に明示されている．

　実際の企業活動に際しては，経営トップのリーダーシップのもと，経営理念に基づき，コンプライアンスの実践を経営戦略に組み込み，すべての事業活動がコンプライアンスと表裏一体となり，公正で誠実に事業活動を行うことが求められている．さらに最近，社会・経済・経営環境の激変から，企業として良き市民性が問われ，環境，人権，労働慣行，コーポレートガバナンス，公正な商習慣，コミュニティ参画，消費者問題などが，CSR の推進に際しての課題となっている．このような事情を勘案すると，コンプライアンスの確立と実践

3.1 改めて，コンプライアンスとは何か　　　　　63

が必要不可欠となっている．

　急速なグローバル化が進展する状況下で，会社法，金融商品取引法などに基づく内部統制の整備や強化に際しても，担当する関係者のコンプライアンス意識の徹底が望まれている．わが国の企業が事業活動を遂行するにあたり，経営理念に基づきコンプライアンスに十分配慮し，公正で誠実な行動をとることこそが，企業の持続的発展と事業の繁栄のために重要である．

3.1.4　コンプライアンスを基盤とする内部統制の効果

　内部統制は，企業が社会から信頼され健全な事業活動を行い，持続的発展を果たすための"経営管理の仕組み"である．その要点は，株主・投資家の保護に資するように，業務の有効性と効率性を高め，会計・財務情報の信頼性を向上させ，企業情報の開示制度の整備などを図り，適正な監査の実施などによって，市場の信頼性を高めることにある．

　また，内部統制は，企業の経営方針に従い，指揮・命令が効率的に，適正に運営されているかについて，成果を担保するようなモニタリング体制の整備が必要である．さらに，公認会計士などの監査人が内部統制の実情を公正に評価する一方，時代の潮流として経営者自らが，内部統制の方針や有効性確保のための評価基準を定め，内部統制の全体を評価することが求められている．

　コンプライアンスを基盤とする内部統制の効果について，コンプライアンスの実践の観点から問われる主要な要素を検証してみよう（図表3.3）．

　第1に，経営トップのリーダーシップによって，コンプライアンス方針が明示され，構成員全員が企業経営に関する使命観や価値観を共有して，事業活動を誠実に遂行する．このような全社一丸となっての取組みによって，企業の組織風土や社風などの基本的統制環境や倫理的な企業文化が醸成される．

　第2に，企業経営に関する様々なリスクの洗い出しや評価などのリスクマネジメントは，高いコンプライアンス意識のもとにこそ適正に行われる．

　第3に，コーポレートガバナンスとして，経営の意思決定の迅速性，透明性の向上や，取締役（取締役会）・監査役（監査役会）の機能強化，株主総会

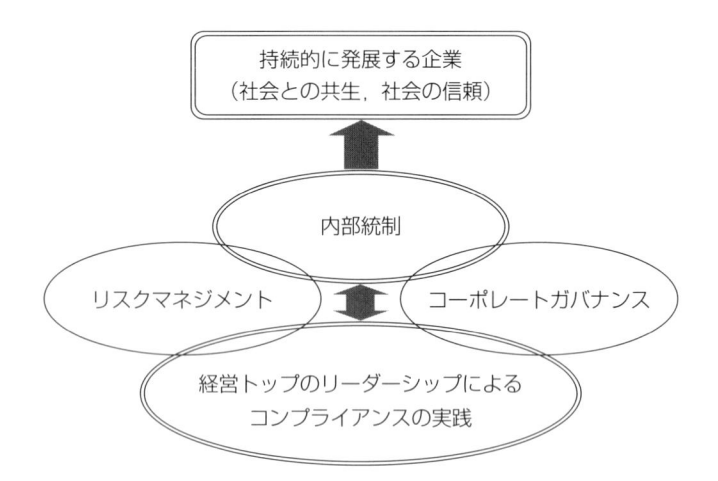

図表 3.3 コンプライアンスを基盤とする内部統制の効果

の活性化などの円滑な運営は，内部統制を支える枠組みである．

第4に，会計・決算にかかわる適正な処理と決算書等の情報開示は，経理・財務部門のメンバーの高い倫理観とコンプライアンスの実践によってはじめて財務諸表等の信頼性が確保できる．

第5に，独立的なチェック・モニタリングの実施は，監査・検査部門のメンバーや，外部監査人のプロとしてのコンプライアンス意識に準拠して公正に行われ，開示される．

第6に，ITを駆使した業務遂行は，関係者がソフトの開発などを特定の専門家に任せてブラックボックス化せずに，行動基準や業務マニュアルに基づくコンプライアンス対応によって，成果が信頼される．

わが国の企業としては，企業行動にあたって，経営者としてまず，①法令等遵守を確保すること，次に，②内部統制の構築と運営などコーポレートガバナンスを十分機能させること，その上で，③ステークホルダーとのバランスある行動をとるなどによって企業の社会的責任を果たすこと，などが社会から求められている．

コンプライアンスマネジメントシステムの構築と実践は，コンプライアンス

経営（Compliance Management）の基礎である．その狙いは，"法令，倫理綱領，社会規範などに基づくコンプライアンスの確立と実践をめざす経営"（狭義）をベースに，"企業の創業の精神，経営理念などを踏まえて，法規範，社内規範，社会規範の遵守など総合的なコンプライアンスの確立と実践を基盤にして，高い倫理基準に基づく公正で誠実な企業行動によって，企業使命を遂行する経営"（広義）と考えられる．

3.2 コンプライアンスマネジメントシステム

3.2.1 コンプライアンスマネジメントシステムの全体像

わが国の企業は，コンプライアンスの重要性を確認し，体制の構築と実践のために具体的な制度化を進めている．これからのコンプライアンスマネジメントシステムは，時代の要請として内部統制やCSRの実践のための基盤となるものである．

コンプライアンスの実践は，基本的には法令，行動基準，社会規範などを遵守することであるが，本質は"企業理念と高い倫理基準に基づく公正で誠実な企業行動の遂行によって，企業使命を実現すること"にあると考えられる．したがって，コンプライアンスマネジメントシステムを構築することは，第1に，基盤としてのコンプライアンスマネジメント，第2に，経営管理の仕組みとしてのコーポレートガバナンス（内部統制），第3に，企業全体としてのCSRの推進，という統合化された全体像を把握することが重要である（図表3.4）．

日本企業における具体的なコンプライアンスマネジメントシステムは，コンプライアンスプログラムを基礎にしたグローバルな水準に対応する次のようなシステム（仕組み）となる．

① 経営トップのリーダーシップとコミットメント
② 経営理念・価値観の共有化と行動憲章・行動基準の周知徹底

③ これを担保する実践体制として，コンプライアンス遵守体制及びフォローアップ体制

このように，コンプライアンスマネジメントシステムとして統合化したシステムは，組織風土，企業文化など社内の実情に合わせて構築する必要がある（図表3.5）．

図表3.4 コンプライアンスマネジメント，内部統制，CSRの統合

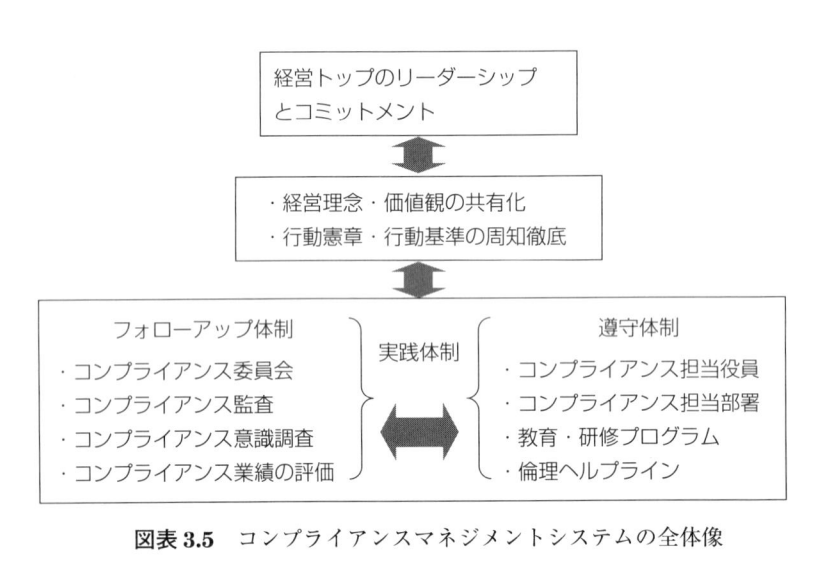

図表3.5 コンプライアンスマネジメントシステムの全体像

3.2.2 経営トップのリーダーシップとコミットメント

日常の企業活動に際してコンプライアンスを実践するには，経営トップのリーダーシップのもとに経営理念・価値観の共有化が図られ，企業行動憲章・行動基準の周知徹底とコンプライアンスの遵守体制及びフォローアップ体制が整備され，適正に運営されることによって，成果が上がり社会の信頼を得られる．

経営トップのリーダーシップとコミットメントは，企業の創業の精神や歴代の経営者の哲学，ビジョンなどを踏まえ，現代という時代の潮流を反映したものである．

その具体的な方法を挙げると次のようになる．

第1に，"経営方針"，"CSR憲章"，"コンプライアンス基本方針"などに，経営の最重要課題の一つとして，コンプライアンス，コーポレートガバナンス，CSRの実践を組織全体に対してコミットメント（公約）として表明し，徹底する．

第2に，中長期計画，年度計画のなかに，重要な課題の一つとして，"健全経営"の要件であるコンプライアンス，内部統制，CSRの重要性を，経営トップの方針として明示する．

第3に，経営トップは，新年挨拶，研修会での講話，役員・従業員との業務に関する会議や懇談などの機会をとらえて，経営トップとしての考え，方針などを自分の言葉で訴える．

第4に，自社のステークホルダーに対する情報開示や社会向け情報公開誌の誌面で，コンプライアンスマネジメントシステム，内部統制の仕組み，CSRの具体的な取組み状況等を説明する．

さらに，経営トップは，コーポレートガバナンスの観点から，取締役（取締役会）及び監査役（監査役会）の役割の明確化と機能強化，株主総会の適正な運営などについても抜本的に見直す．CSRについても，企業の持続的な発展をめざして，ステークホルダーとの対話を促進し，経済，環境，社会の三つの側面でバランスのよい企業活動を果たすことが重要である．

ここに，経営トップのリーダーシップとコミットメントについて，要約した自問自答の7か条を提唱する．

第1条：コンプライアンスの重要性について，社内外に方針と具体的な実践を明示しているか？

　経営トップは，コンプライアンスを実践していくことによって消費者・国民・社会からの信頼に支えられて，企業として持続的な成長と発展が可能となる．

第2条：行動憲章，行動基準を公表しているか？

　法令，社会規範，倫理などに基づき制定した"行動憲章"，"行動基準"を組織の内外に宣言，公表する．

第3条：コンプライアンスマネジメントシステムの構築と適正な運営を行っているか？

　コンプライアンスマネジメントシステムの構築と定着に向け，絶え間ない取組みを奨励する．

第4条：経営トップとして，組織の内外で率先垂範し，自分の言葉で語りかけるなど，"言行一致"を実現しているか？

　自ら率先垂範するとともに，自社の経営理念，企業使命，価値観について組織内外で"自分の言葉"で語り続けていく，熱いリーダーシップが何よりも重要である．

第5条：自社のステークホルダーへの説明責任を果たしているか？

　自社の理念，価値観に基づき，組織を挙げて活動している基本方針とトップとしての責任を，自社のステークホルダーに対して自信と誇りをもって説明する．

第6条：組織内に"自浄システム（内部通報制度）"を機能させているか？

　社会やステークホルダーに対して迷惑をかけ，厳しく非難されるような事態の発生を未然に防止するために，組織内のコミュニケーションに気を配り，倫理ヘルプラインなどの"自浄システム"を機能させる．

第7条：コンプライアンスの定着を企業文化にまで昇華させているか？
　　　　コンプライアンスを事業活動に定着させるとともに，企業文化にまで昇華させるためにリーダーシップを発揮する．

3.2.3　内部統制・CSR の視点を組み入れた行動基準の徹底

　行動基準は，"経営者・従業員及び企業・組織にとって倫理・法令等に基づく行動の基準又はガイドライン"である．オーケストラにたとえると，指揮者や各演奏者が参照する"楽譜"と同様に，行動基準は企業における重要な価値判断基準となる．

　行動基準は，企業のすべての構成員にとって，言動の価値判断基準となるものであるだけに，社内での周知徹底が不可欠となる．さらに，自社の顧客，消費者など組織外のステークホルダーの信頼を得るためには，内閣府"消費者に信頼される事業者になるために──自主行動基準の指針"よると，次のとおり明確性，具体性，透明性，信頼性の4要件が求められているので，要約して紹介する [3]．

　第1に"明確性"は，自社のあらゆるレベルの構成員が，理解し対応できるような平易で明快な内容になっていること．

　第2に"具体性"は，自社のあらゆるレベルの構成員が，ステークホルダーに対してどのように判断し対応するかについて，"このように行動するように"，"このようなことをしてならない"，"このようなことはやめる"などと，できるだけ具体的に明示されていること．

　第3に"透明性"は，企業は自社の構成員に配付するとともに，教育・研修などを通じて周知徹底を図っていること．行動基準は，策定・改訂の都度，社会に対して情報公開されていること．

　第4に"信頼性"は，行動基準の運用体制や枠組みが構築され，事業活動に生かされていること．

---

[3] 内閣府国民生活審議会消費者政策部会(2002)：消費者に信頼される事業者になるために──自主行動基準の指針，内閣府

次に，内部統制とCSRの視点も織り込んだ行動基準の重要な柱と項目を整理したものを示す．

第1の柱：社会に対する基本姿勢

① 経営理念，企業使命，価値観等の表明

顧客第一主義，消費者重視経営，社会の公器としての責任，社会への貢献，法令・ルール遵守等．

② 事業・業務活動に関する基本姿勢

公正な企業活動，良き企業市民，基本的な人権尊重，働きやすい職場環境の提供，人材の育成と活用等．

③ コーポレートガバナンス

取締役会，監査役会等の活性化，株主総会の適正な運営，企業情報の開示，会計情報の信頼性向上，株主・投資家の保護，市場の信頼性の向上等．

④ CSRの推進

地球環境の保護，人権の尊重，適正な労働慣行，公正な商習慣，社会貢献活動の推進，消費者重視，地域社会との交流等．

第2の柱：法令等遵守に対する基本姿勢

⑤ 法令遵守の徹底

民法，会社法，独占禁止法，国際取引・貿易関連法規，知的財産権，インサイダー取引等に関する関係法令の遵守徹底．

第3の柱：組織外のステークホルダーに対する基本姿勢

⑥ ステークホルダーに対するバランスのよい行動

消費者重視の具体的な対応，主要なステークホルダーに対する具体的な対応，贈物・接待への対応，公務員への供応の禁止，不公正な取引の禁止，購入取引先の公正な決定と互恵取引の禁止，反社会的個人・団体への対応，政治献金の禁止等．

第4の柱：役員・従業員の行動と責務に関する基本姿勢
⑦ 役員・従業員の行動と責務
利益相反の回避，個人的投機の制限，同僚への差別禁止等．
⑧ 会社財産の保護と企業情報に関する行動基準
企業の有形・無形財産の保護，企業・顧客・業者に関する情報の保護，守秘義務の徹底，公正な宣伝・広報等．

第5の柱：組織体制・罰則規定などに関する基本姿勢
⑨ 運用体制
対象範囲（役員・従業員）の明確化，企業倫理担当部署の明示．
⑩ 相談・通報等内部通報制度の連絡先
社内の相談・通報等内部通報制度の連絡先の明示．
⑪ 違反行為に対する罰則規程
行動基準違反への罰則規程，法的措置等．

3.2.4 実践の具体的手法

コンプライアンスマネジメントシステムの全体像に基づき，実践の具体的方法を説明する．

(1) コンプライアンス遵守体制の充実

(a) コンプライアンス担当役員・責任者の任命　経営トップは，社内で人望があり，高尚な倫理観をもつ人材をコンプライアンス担当役員・責任者として登用し，正式に人事発令（任命）する．この担当役員・責任者は，社内におけるコンプライアンスの専門家としての役割を担い，具体的な指導や相談に応じるなど，リーダーシップを発揮する．社内では，誰がコンプライアンス担当役員・責任者であるかが重要である．

担当役員・責任者の役割と権限は，①経営理念，価値観等に基づき，コンプライアンス実践方針と計画を策定する，②行動基準の実践面において，全役員・従業員が誠実で公正な企業活動をしているかどうかを評価する，③コンプライアンスについて社内外のコミュニケーションを統括して，経営層への実践

状況等の報告と社外への発信に関与する，④関係部署の対応が不十分かつ不適切と判断した場合には，コンプライアンス委員会又は必要に応じて直接経営トップに対し，問題を提起する責任と権限をもつ，などである．

(b) コンプライアンス担当部署の設置と適切な運営　コンプライアンス担当部署は，原則として既存の部署から独立している部署が望ましいが，それが困難な場合には，法務部や総務部などのなかに明示的に担当部署を設置しても十分機能しうる．特に中小企業の場合には，人材・組織上の制約もあり，独立した部署が設置困難な場合には，法務部，経営企画部，総務部など，関連する部門のなかにコンプライアンス担当部署を設置することで対応できる．

(c) 教育・研修プログラムの定例的な作成と適切な運営　コンプライアンスの教育・研修は，重要性を認識している割には，マンネリ化や形骸化する傾向が見られる．したがって，さらに様々な工夫を凝らして，次のステップで実施することが望ましい．

〈ステップ1〉
　目的：自社の経営理念，使命，基本的価値観などを十分理解し共有する．
　方法：トップマネジメントが，自分の言葉で理念，ビジョン，志などを熱く社員に語りかける．

〈ステップ2〉
　目的：行動憲章・行動基準の具体的な内容を理解する．
　方法：担当部署の責任者等が，コンプライアンス体制，運営状況を具体的に説明して，周知徹底する．

〈ステップ3〉
　目的：参加者が事例研究（ケースメソッド，ケーススタディ）の討議を通じて自らコンプライアンス意識を高め，定着化を図る．
　方法：他社，自社の具体的事例を取り上げて，現状分析をした後，対策・課題をまとめる．事例研究の成果を組織として共有し，実務に反映させる．

(d) 倫理ヘルプラインなどの内部通報制度の整備と適切な運営　2006年4

月から，公益通報者保護法が施行されたことから，公益通報への適切な対応を意識した内部通報制度の充実が求められている．公益通報は，"労働者が，不正目的でなく，'その労働提供先又は役員・従業員等について，法令違反行為が生じ，又はまさに生じようとしている'旨を組織内関係先，行政機関，外部機関（マスメディア，消費者団体，NGOなど）のいずれかに通報すること"をいう．まず組織内への通報は，かなり自由に行うことができる．次いで行政への通報，外部機関へと通報要件が次第に厳しくなる．

したがって，組織内で誰に相談すればよいか，公益通報となるのかどうかなどについて，判断に迷う社員に対して何らかの相談・救済手段が必要となる．それだけに現行の倫理ヘルプラインやコンプライアンス相談窓口について，公益通報への対応（相談機能と通報機能）を意識した緊急の対策が不可欠となる．

(2) コンプライアンスのフォローアップ体制の整備・強化

(a) コンプライアンス委員会の設置と適正な運営　コンプライアンス委員会は，毎月定例的に開催されることが望ましく，組織横断的にコンプライアンス問題について，対応策や解決策が討議されることが必要である．一部の企業で採用されている"外部有識者委員を登用する"ことも委員会の活性化につながる．

(b) コンプライアンス監査，倫理監査の実施　多くの企業では，従来から業務監査，会計監査中心に行われているが，さらにコンプライアンス体制の充実と実効性向上策の要として，コンプライアンス監査の実施が期待されている．このようなコンプライアンス監査の結果報告は，コンプライアンス委員会や取締役会に対して行われ，経営層を交えた見直しや改善策の立案に役立てることが望ましい．

(c) コンプライアンス意識調査の実施　これは，コンプライアンス実践状況や役員・従業員のコンプライアンス意識について，具体的項目を列挙したアンケート調査の方法で，毎年定例的に実施するとよい．実情調査の結果報告は，経年変化など主要項目別に分析して，コンプライアンス委員会や取締役

会に対して行われるほか，各職場にフィードバックされ，継続的改善に活用されることでコンプライアンス意識の向上が図れる．

(d) コンプライアンス業績の評価又はコンプライアンスの評価と再発防止策の確立　自社の実情はどうか自問自答してみよう．

・人事考課・業績評価にコンプライアンス実践の実績が考慮されているか？
・人材採用に際して，個人の倫理観やモラルを十分配慮しているか
・経営トップに対して，不祥事や重要なコンプライアンス・倫理違反について迅速に報告がなされているか？
・コンプライアンス委員会や取締役会等で改善策が迅速に審議され，実行されているか？

このように，コンプライアンスマネジメントシステムの実践体制は，遵守体制とフォローアップ体制が一体となって運営されることが大切である．

3.3　コーポレートガバナンスとコンプライアンス

3.3.1　コーポレートガバナンスとコンプライアンスの意義

コーポレートガバナンス（企業統治）とはどういう意味か．欧米ではコーポレートガバナンス（以下，ガバナンスという．）という場合，株式公開企業が議論の対象となる．

米国では，ガバナンスにおいて最も重要だと考えられているのは役員，従業員をどのようにして株主のために働かせるかであるといわれる．そのために株主のための適法性と，経営効率向上のための経営モニタリングシステムが構築された．分かりやすくいえば，会社の事業執行で社長や役員が暴走することを株主のために牽制する機能である．一般的に自分で自分を牽制するのは至難のわざなので，執行者と監督者を分けるような体制や権限，責任など，法律や社内外で遵守すべき自主ルールが定められる．

このようにガバナンスは，株主の利益を極大化させるために体制や法律，ルールを作って機能させることとなる．狭義の意味ではあるがこれだけでもあながち間違いではないし，日本でもこうした意味合いで語られることが多い．コンプライアンスとの関係は，法令遵守（コンプライアンス）によって株主のためのガバナンスを機能させることで終わってしまう．しかし，それだけでは現在の最も重要な変化や視点を捉えていないことになる．

3.3.2　米国のコーポレートガバナンスと日本社会

契約を厳密に構築する米国では，昔からガバナンス論が盛んであったが，日本ではあまり議論にならなかった．そもそも米国は，英国や欧州のいろいろな国からの移民者によって，法のもとの平等を何がなんでも実現させようという理想のもとに生み出された国である．

古い因習にしばられることや，ルールに基づかない差別を極端に排除し，権利の源は，法律やそれに従った契約のみであるとして，ルールのもとに主張をぶつけあい，さらに新たなルールを構築して社会の基盤としてきた．こうして門地に関係なく成功できる世界，それが新世界アメリカでもあった．したがって，歴史的に見て，株主と企業経営者，従業者という関係における法律や，契約による権利義務の関係が最優先になっている．こうした法律や契約を構築することを前提として，企業という機能集団を形成してきたのが米国である．

歴史的には，1919年ミシガン最高裁での，ヘンリーフォード対ダッジ兄弟訴訟で "企業は株主利益を最優先されるべきで取締役会の権限はこの目的のために行使されなければならない．" という判決が出た[*4]．こうして米国では株主が企業を所有するという考え方が確定し，以後支配的であった．

しかし，日本ではついこの間まで，株主のために働いていると思っている企業人は少なかったのではないか．欧州の法律を参考にした旧商法では，社員とは合名会社や合資会社における法律上の用語であった．株式会社は巨大なリス

[*4] 水尾順一(2003)：セルフガバナンスの経営倫理，pp.168-169，千倉書房

クを数人の社員では負担しきれないから，これを出資額までの有限責任に限定された株主に分散させた．だから，株式会社で社員にあたるのは株主ともいえる．例えば戦前の財閥は，大金持ちのオーナーである三井家や岩崎家の人を社員として三井は合名会社だったし，三菱は合資会社だった．しかし，そのようなことは法律の世界に限った話で，法律上は使用人でも"社員"と呼ぶのが日本の社会だった．そうした社員たちは終身雇用で運命共同体であった．

しかも，会社は社会から必要性を認められてこそ存在できる．それは端的にいえば，顧客から評価されるということだった．だからマーケットで勝てる商品やサービスを提供することに必死に取り組む．株主もどちらかといえば，会社の経営者や従業員の立場に近く運命共同体である．経営者と従業員が必死になってがんばってマーケットで評価され，会社の業績が結果として出せたときにはじめて株主に配当を分配できる．さらに，上場できるようになって株式は市場価値をもつ．株主とは大きな会社や大金持ちで，長い目で社会の公器である会社を育てるための投資をしてくれる人といった意識だった．もちろん，中には相場師とかいう人もいて短期的に株式で大儲けしようという人はいた．しかし，それは博打（ばくち）と同じように見られていて，まっとうな人間がやることとは思われていないのが日本の社会の常識だった．

日本の場合，経営者といってもそのほとんどは，経営能力を評価されて従業員からなった人が多い．そうした経営者は経営能力を提供し，従業員はそれぞれの職責に応じた能力を提供する．株主は資金を提供する．社会はその他もろもろの資源や経営環境を提供する．そうした意味ではそれぞれが全く対等である．

ただし，経営者も従業者もそれぞれの立場で，会社とともに社会のなかで責任ある仕事を遂行すべきであるということは当たり前に理解していた．

日本人には，もともと契約観念が先にない．信頼関係が先にあって，契約は念のためにした．だから念書，覚書という．なにか事がうまくいけば，"お蔭様"と，自分の預り知らない陰の世界があって，感謝の気持ちを表す挨拶として使用された．そもそも世の中のことすべてを論理だけでは整理できないこと

を知っている．だから問題に直面したらお互いに協調し，柔軟に対応していこうという思いで仕事をしている．そこには調和の世界があるし，それが社会を構成する人々の共通の価値観であって，そうした信頼関係を壊す人間というのは，まれにいたとしても例外的な存在であった．

これは相互に誠実な関係を前提として，多様なステークホルダーとの調和を考えていたと言い換えることができる．こうして日本では，法律上の規定はともかくも実態は会社も社会も共同体的なあり方が強かった．だから米国のように株主の意向に反して，企業経営者が暴走しないようにするなどという特定の関係だけを捉えて，ガバナンスはどうあるべきかなどということは法律の専門家は別としても一般的な議論にはならなかった．

ところが，戦後ほぼ一貫して日本経済は成長を続け，世界経済のなかでの存在感が増し，資本をはじめとして世界的に資金を調達するようになると，日本のなかだけの論理は通用しなくなる．さらに1990年代に入り，バブル経済崩壊によって，大きな金融機関をはじめ多くの企業の経営破綻に伴う経営責任が株主との関係においても社会との関係においても問われた時期に至って，日本でもガバナンス論が盛んになった．

3.3.3 米国のガバナンス論の変化

しかし，そもそも米国のガバナンス論は日本では違和感があった．これは，株主対経営者・従業員という狭い特定の関係に限定せず，顧客や従業員，さらには社会全体のことまで広く考えて企業行動を選択していた日本社会においては当然の反応であった．"誰のための適法性であり，経営の効率向上であるのか"，言い換えると"会社は誰のものであるのか"という視点を掘り下げていくと社会全体との関係を考慮せざるをえない．しかし，こうした日本人の常識的かつ歴史的な考え方は，振り返ってみるとその根本において決して的外れなものではなかった．

近年，米国でのガバナンス論にも変化が生じている．米国法律協会（The American Law Institute）は1992年の"コーポレートガバナンス原則：分析

と勧告"(Principles of Corporate Governance: Analysis and Recommendation)で，次のとおりコメントをしている．

"ここでの営利目的とは長期的な利潤の追求を指し，したがって，これまで利潤極大化と主張してきた意味も長期的な利潤のことである．

現在の企業は，従業員，取引先（顧客や供給業者），地域住民など様々な集団と共存関係にあり，これらの利害関係者の期待に応え共存関係を維持することは，企業の長期的利益と株主利益に貢献することから，短期的利益に優先させるのが適切である."[*5]

また，それに先立って1989年インディアナ州法が改正され，取締役会が特定の利害関係者に対して利益を重視する必要性がないと判断された．これはミシガン最高裁以来，支配的であった取締役会の義務として特定の利害関係者である株主に対する"利益の最大化"の必要性がないという解釈になったことで非常に大きな変化といえる．この解釈は翌1990年には40州で採択された．[*6]

こうして，今や米国においても日本においても，株主として保護されるべき法益だけでは，企業行動に伴って社会が受ける悪影響を排除できず，また社会全体の調和がとられないとされている．したがって，社会の多様なステークホルダーとの関係を配慮した企業行動をすべきという価値観が反映されているかといった視点がガバナンス論に加わってきている．

こうしたガバナンス論の変化は，コンプライアンスとも呼応する．

3.3.4 コンプライアンスの倫理性

さて，コンプライアンスであるが，この言葉が登場してからしばらく，単に法令遵守と訳された時期が続いた．今でもそう訳されるし，そう思っている人は多い．さすがに外来語として定着する前だったので，コンプライアンスとだけ書いたのではかなりの人が何をいっているのか分からないということで，誰

[*5,*6] 水尾(2003)：前出，pp.168-169

3.3 コーポレートガバナンスとコンプライアンス

かが法令遵守と訳をつけたのが始まりなのだろうが，不幸なことに，この訳が間違っているとまではいわないが，正確ではなかった．それではコンプライアンスとはどういう意味なのだろうか．

コンプライアンスを法令遵守と訳すのは間違ってはいない．ただし，正確ではない．というのは，例えばオックスフォード英英大辞典では，コンプライアンスに関して，obey to rule と説明しているから，ルールに従うという意味であることは間違いない．それでは，rule とは何か．これは規則，決まり，標準，慣行であって，何の規則，決まり，標準，慣行かはこれにかかる修飾語によって決まる．法律の決まりであれば，法令に従うことだから法令遵守というコンプライアンスもある．しかし，倫理の決まりであればその倫理基準に従うこと，夫婦の約束事としての決まりであれば，夫婦間の約束事に従うことであって，コンプライアンスの言葉としての意味は，"ルールに従うこと"という意味でしかない．

となると，コンプライアンスが重要であるというとき，法令遵守に限定していないということが分かる．ルールには，かなり厳密にその解釈が定まった法律のようなものもあれば，慣行のように地域によって異なるものや，倫理のように人によって考え方に大きく幅のあるものもある．しかも，ルールを遵守するとは必ずしも他律的に強制されるものではない．ルールを作ったり，変更したり，そして遵守する主体は，民主主義の一員として社会を構成している自分自身であり，こうした意味の構成員の一人としてルールに従うことがコンプライアンスであるということもできる．こうしてルールは，それを取り巻く社会の変化に応じて機能性を維持させるために，常に変化していくものである．英米法的にいえばコモンセンスそのもの，あるいはそこから導き出されるものということができる．

一見，他律的に聞こえるコンプライアンスであるが，その前提として，ルールを形成したのも，あるいは形成するのもあなたであるという強いメッセージが込められている．動詞 "comply" には，広く素直に誠実に相手の思いに答えてあげることという深い意味もあって，コモンセンスを探りながら，お互い

に心地よい関係を構築していこうという意図がある．

　コンプライアンスに法令遵守という核があることは間違いないが，このようにコンプライアンスには倫理性まで拡大した概念や主体的なあり方が含まれており，また，企業を取り巻く社会の多様なステークホルダーをその対象として拡大してきている．

3.3.5　ガバナンスとコンプライアンスを変えるパラダイム変化

　これに加えて非常に重要な経営環境の変化が起こった．1990年代の末期から現実化したインターネット・コンピュータ社会によって，コンピュータが日常の道具になり，電子メールで情報を自由にやり取りする時代になった．しかもプロセスが克明に記録に残るようになった．コンピュータのログを詳細に調べれば嘘はすぐ分かる時代になった．社会全体の意識の高まりとともにインターネット・コンピュータ社会という情報革新は匿名による内部告発も増加させている．

　単位時間当たりの情報量が増大し，社会そのものが瞬時に革新されていく．パラダイムの変化が常時起きるということであって，昨日の法律（現在施行されている法律）を念頭に置いていても，明日には法律が改正されていくという変化の速い社会である．法律とは社会の意識を反映したものであるから，こうした変化は当然のことであって，ただ"法律は守っていました"ということは何の説得力ももたないことを肝に銘じなければならない．こうしたなかで決定的に重要と思われるのは，"社会がどういった方向に変容していくのか"，"多様なステークホルダーとの関係がどう変化しているのか"ということが見えているかどうかということである．

　こうしてガバナンスとコンプライアンスにおいて，株主対策であるとか，現在の法令の遵守であるとかに限定して捉えていては企業の存続を危うくすることになる．関係する多様なステークホルダーへの配慮と法令を超えた倫理的な価値観の確立と実践が求められるようになる．

　そうなるとガバナンスとコンプライアンスの究極の目的は，同じ方向に収

斂してくる．誰のためかといえば，関係の強弱はあるにしても，どちらも"企業を取り巻く多様なステークホルダーのため"ということになる．つきつめれば，ガバナンスとは"社会の全体最適に寄与すること"といえる．ガバナンスに関しては，こうした配慮をした上で株主に貢献しなさいということになる．

まさにこのために，法令，契約や社内外のルール，倫理を遵守及び配慮するとともに，適正な手続きを確立してガバナンス及びコンプライアンスを機能させることが必須となっている．こうして新しい時代に即したアカウンタビリティ（説明責任）を果たせることになり，社会で認められ信頼される企業になる．

3.4 リスクマネジメントとコンプライアンス

3.4.1 リスクマネジメントの定義とリスクの分類

リスクマネジメントとコンプライアンスの関係は，そもそもリスクマネジメントをどのように定義するかということから始まる．

なぜならそもそも企業経営とはリスクテイクであって，リスクのない事業など存在しない．その意味では企業経営自体がリスクマネジメントであり，あらゆる個々の仕事にもリスクマネジメントの側面がある．

様々な定義のなかで，経済産業省研究会報告書[*7]では"リスクマネジメントとは，企業の価値を維持・増大していくために，企業が経営を行っていく上で，事業に関連する内外の様々なリスクを適切に管理する行動である．"としている．しかしながら，この定義では同語反復になってしまう．様々なリスクとはどういう性格・範疇のものがあるのか，さらにそれぞれの性格・範疇のリスクはどういったときに顕在化しやすいのか，企業経営に与える影響はどうなのか，これらが不明ではマネジメントできないし，リスクマネジメントの実像

[*7] 井窪保彦・佐長功・田口和幸編著(2006)：実務企業統治・コンプライアンス講義，p.67, 民事法研究会

も捉えにくい．そう考えると，まずリスクの性格をおおまかに分類してみると分かりやすい．

リスクは切り口によって多様な分類方法があると思われるが，筆者はコンプライアンスとの関係において，次の3グループに分類している．

① 自らコントロールしにくいリスク（②，③以外のリスク）
② 法令違反リスク（業務ルール違反を含む）
③ 企業倫理欠如に起因するリスク

3.4.2 自らコントロールしにくいリスク

自らコントロールしにくいリスクとは，

・自然環境変化によるリスク（地震災害，天候災害）
・社会環境変化によるリスク（政変，戦争，国内外の政治情勢，放火など人的災害）
・経済環境変化によるリスク（法律成立や改正，商品市場動向の変化，原材料価格の変化，労働市場の変化，国内外の経済情勢）

などである．

例えば，特別な経営環境上の変化は見られないので，通常どおり資材を買い付け，ある商品を生産したら，突然大地震が広範囲で発生し，復興回復に注力する人々にとってその商品が当面必要のないものになってしまう．このように，自然環境，社会の動向，販売市場，原価市場，経済情勢，為替の動き，国際情勢，生産管理，運営管理等，よく精査した，注意深い事業判断であっても，予期せぬことが発生し，事業に影響が出るのが事業そのもののもつ性格であり，"本質的なリスク"である．

もちろん，市場の先行きは誰にも分からない．だからといって，最初からサイコロを振って事業判断をしてもよいのかといえばそれは許されない．企業経営者としては，様々なリスク要因を精査するだけではなく，失敗したときの回復策や間違っても会社を破綻させないようにリスクの上限を設定し，この上限を超えないかを測定した上で，ゴーサインを出す．これが通常の経営である．

3.4 リスクマネジメントとコンプライアンス

　このように周到に検討を重ね，致命的な失敗にならないよう精査したプロセスを経て適切な判断を行うことが求められる．米国でも日本でも，取締役は株主のための善管注意義務と忠実義務を負うことになっているが，これを誠実に履行し，判断のプロセスに問題がなければ，後に経済環境の変化に伴い判断自体は間違っていても，是認されるということが原則になっている（これを"ビジネスジャッジメントルール"という．）．

　こうして，自らコントロールしにくいリスクに関しては，可能な限りの対応をしておけば，コントロールできない事象の発生によって惹起された直接のリスクを回避することはできなくとも，そのこと自体で責任を問われる可能性は低い．会社が破綻してしまうまでのリスクテイクはしないことがプロセス上は担保されるはずであるから，一時的な損失は発生しても新たなチャレンジによって社会的な機能を継続して果たすことが可能となる．

　特に，自然環境変化のリスクは，リスクの規模も想定しにくいし，発生可能性も予測が困難である．当然の帰結として，発生した後の対応策も限定的にならざるをえない．しかし自然災害といっても，日本のように地震国で，あるエリアで発生する可能性が高いとされる場合は，対応策のレベルはより高いものが求められるし，発生した場合の最善の策を用意しておくことが求められる．

　また，社会環境変化と経済環境変化に関しては，予測しえないリスクであるからといって，必要最低限の対応をしておけばよいと誤解しないでほしい．この部分は本業中の本業の部分であって，最初に市場を開拓していくときに最も鋭敏な感覚が求められる．この感覚こそ，経営の能力のなかで特段に求められるものである．例えば，新しい市場に参入する場合には，些細な，人が見向きもしない情報や，噂のようなものでも鋭敏に何かを嗅ぎ取って総合的に判断し，事業決断をしていく能力である．こうした事業決断（リスクテイク）は，リスクマネジメントと呼ぶより"事業センス"と呼んだほうが適切かもしれない．

　こういった感覚的なものも，最初は投資額で上限を規制するなどの方法ぐらいしかリスクを限定できないが，試行錯誤を重ねながら事業を継続していくなかで，組織のノウハウとして類型化され，標準的な判断基準などが設定され，

誰もが比較的早くその業務を処理できるように細かいプロセスができあがっていく．

3.4.3 法令違反リスク

事業決断するまでのプロセスには，相互牽制機能を含む内部統制の仕組みも含まれ，このプロセスを経ていれば，ある一定のリスクの範囲に収まる機能をもつが，これを構築し，プロセスができあがったにもかかわらず，このプロセスが機能しない場合，法令違反リスクの範疇に整理される．

この法令違反リスクは第3の企業倫理欠如リスクと合わせてコントロールできるリスクである．

法令違反リスクの代表的なものは次のとおりである（ただし，その分類についてはいくつかの手法がある．）．

- 業務ルール違反
- 契約違反（民法）
- 不法行為（民法）
- 使用者責任（民法）
- 個人情報保護法違反
- 各業界固有の業法違反
- 労働基準法違反
- 雇用機会均等法違反（セクハラなど）
- 独占禁止法違反
- 不正競争防止法違反
- 証券取引法違反（インサイダー取引など）
- 刑法違反（贈賄罪など）
- 会社法違反（株主代表訴訟など）

あらゆる法令違反は最低限の社会ルールを破ることであるから，損害賠償や株主代表訴訟，刑事罰などあらゆる法的な責任追及を惹起させるし，信用失墜というもっと大きな損害が発生する．

3.4 リスクマネジメントとコンプライアンス

　この範疇をさらに整理すれば，経営者単独の行為，会社組織の行為，雇用者の行為，雇用関係のない派遣労働者の行為，グループ会社や取引先での行為などに分類できる．行為主体別に惹起されうる法令違反リスクはほとんど列挙できるので，発生の可能性や発生した場合の影響度を想定しやすい．また万一発生した場合の対応策なども立てやすい．

　この範疇では，業務プロセスや相互牽制など内部統制上の仕組みづくりと，それをいかに機能させるかということが重要になってくる．この際，経営資源の投入を内部統制だけに傾注していては，本末転倒になってしまうので，リスクの発生可能性と影響度から対応項目の重要性を検討する必要がある．リスクの発生可能性が高くかつ影響度も高いものは，予防していくための手立てを迅速に構築する．新しい事業分野であったりすることが多いが，細心の注意をもって臨んでいる新しい事業は，リスクの洗い出しを慎重かつ確実に実施されると思われるので，リスクの発生可能性や影響度を下げる工夫を適切に行うことにより重点が置かれる．

　リスクの発生可能性は，主観的に判断するものではない．例えば，わが社の社員はモラルが高いから，法令違反のリスクの発生可能性は低いと主張する場合，モラルが高いということを第三者に説明できる客観性が必要となる．業務執行ライン内のチェック体制に加えて，内部牽制ラインのチェック体制が並行して業務チェックがなされているなどということであれば，リスクの発生可能性は低いと判断できる．

　もう一つ大切なことは，クライシスマネジメントの重要性と，日常のリスクマネジメントの重要性を混同しないことである．発生してしまった個々のリスクで影響の大きなものに迅速かつ適切に対応すること（クライシスマネジメント）は，極めて重要なことであるし，そのための専門組織を置いたり社内の組織横断的な連携は必須である．これは消防車のようなもので，火を消すという対症療法であるということである．これに対し，日常のリスクマネジメントは，会社組織全体にわたる日常の業務フローを的確に実施していくために，内部統制環境を整え，これを有効に機能させ，リスクの発生を"予防"することが基

本であり，こうした基本的な仕事の積み重ねが極めて重要である．

　法令違反リスクは，対象が明確で対応策も立てやすいが，会社によって事業範囲が広大なことによる大変さと，地道でかつ場合によっては嫌われる作業を確実に実施していくことに難しさがある．しかし，これはあらゆる仕事の基本であり，一つでもリスクが発生する可能性や影響度を軽減する努力が求められる．

3.4.4　企業倫理欠如に起因するリスク

　さて，コントロールできるものの，一筋縄ではいかないのが第3の企業倫理欠如リスクである．これがリスクマネジメントとコンプライアンスという関係の真髄となる．法令違反ではないが企業倫理欠如の行為として，以下のようなものが考えられる．

- 社会動向の変化への不適切な対応（社会問題化している事象やステークホルダーとの関係の変化など社会の空気を読めない風土や経営）
- 法令違反さえしなければ正しいとする認識や態度
- 嘘をいったり，事実を公表しないなどの不誠実な態度
- アカウンタビリティ（説明責任）を果たそうとしない姿勢

　法令違反リスクと企業倫理欠如に起因するリスクを分けたのは，コンプライアンスリスクといわれると法令違反を想像してしまう方が多いと思われるからである．

　いま，コンプライアンスが問われ，企業の社会的責任を果たさなければならないというのは，"法令違反しなければよい"という意味ではない．法令違反がいけないことは昔から当たり前のことであって，あえて"法令を守りなさい"というために"コンプライアンス"といわれているのではない．そこを勘違いしないことが最も重要である．法令違反リスクと企業倫理欠如リスクを分けたのは，そのためである．コンプライアンスという言葉が伝えたい一番の根幹は，企業倫理欠如に起因するリスクであることを明確にしておきたい．

　企業不祥事が発生したときに，"法令は守っていました"と弁明されること

3.4 リスクマネジメントとコンプライアンス

があるが，法令を守っていれば社会的に糾弾されないということにはならない．社会が求めているのに，法令はまだそのことに対応できない部分がある．これを先取りして対応していくことが，コンプライアンスリスクの把握であり，対応となる．

しかしながら，企業倫理欠如リスクマネジメントといったとき，実はこれが会社のなかで最も難しい対応となる．それでもマネジメントの対象であるからには実務に組み込まなければならない．

もともとの原因は法令違反であったにしても，二次対応がこの企業倫理欠如に起因する行動によって，会社経営が致命的な方向に追い込まれる場合もある．

先に述べたように法令違反であれば，対象が明確なので，具体的な対応策も明確である．しかし，法律を超えた先にあるものを具現化していくためには，あり方が決まっていないと行動に反映されない．そこでまずあり方を決めて浸透させる．具体的には，第1に，コンプライアンス方針などを策定して，会社全体の基本的価値観を決めなければならない．その上で第2に，この価値観を定着させることである．しかし，良識を浸透させ行動に反映させるには，経営トップが，その決意や信念を日常の行動として具現化することが最低の要件である．

紙にどんなに立派なことを書いても，トップのなにげないひと言ですべてが瓦解する可能性がある．一方で，トップだけに頼っていてはならない．中間管理職も従業員もそれぞれの立場で主体的に行動する勇気が求められる．関係スタッフは会社内でこうした雰囲気が盛り上がっていき，風土として定着していくように細心の注意をもって誘導していかなくてはならない．その際，世の中で現実に起こった，こういう行動をとるとこういう悪い結果になったというものを分かりやすく伝えることが有効である．事例を積み上げながら，並行して会社のそれぞれの職場において，同質の問題が発生していないか，又は発生する可能性がないかを考える．特に，利益とトレードオフになるような行為は具体的に，かつ多少の時間的な幅をもって，強制ではなく自主的に変える形で誘

導していくことが重要である．そのためには常に社会の新しい動きを見て，戦略的に早め早めに手を打っていく必要がある．

　企業倫理欠如リスクは，リスクの顕在の仕方がおしなべて論理的ではない．また，一定期間，社会の意識に潜んでしまっていて，企業自身が気づかないうちにレッテルが貼られていたり，怒涛のような非難を浴びることもある．しかも，こうしたもののなかには，ある種の感情的な反応であっても社会の怒りとして出てくると，マスコミや行政は企業の味方にはならない．非難の波は社会全体に広がっていき，大きく信用失墜したり，徹底的な糾弾を受ける場合がある．この段階に至ると冷静で論理的なやりとりは不可能で，嵐が静まったころには会社は破綻しているなどという例は枚挙にいとまがない．

第4章　コンプライアンスを基軸とした内部統制

4.1　内部統制の理念と構造

4.1.1　内部統制の理念

　内部統制とは，会社の目的である事業を遂行するに際して，企業集団を含む会社すべての業務が法令・定款に適合し，効率的に運営され，かつ，適切にリスクが管理された状態で運営されるよう，取締役会によって作り上げられる業務管理体制である．

　言い換えれば，企業理念・経営理念，経営哲学のもとに醸成されている企業文化や企業風土に根ざした新たな経営管理の仕組みであり，その仕組みでは，会社法で要求される内容（大会社が対象）を充足することが，現在における最低限の社会的要請であるといえる．

　したがって，内部統制をきちんと行えば，少なくとも会社法上の要請には対応できることになる．しかし，株式上場会社については，金融商品取引法が2008年4月から施行される予定であり，詳細で，緻密な内部統制を実行することが義務づけられる予定である．

　内部統制の理念とは，経営管理や業務管理の内部的仕組みとしての単なる職務執行，業務執行を超えて，守るべき倫理・道徳や経営理念・行動規範などに裏打ちされた，より高次元の企業活動をめざすものである．それはすなわち，企業外部の幅広いステークホルダーとの対話（ツーウェイコミュニケーション）を含めて，国内外を問わず，広く社会と共生しうる企業活動を行おうとするものである．そういう意味では，より高次元で幅の広いCSR活動に近いともいえる．

内部統制とは，前述のように企業内部の業務管理体制だというのが普通の定義であろうが，現在において，本来の企業活動を遂行する上では，内部だけの判断ではもはや成り立たないほど，外部との接触や外部から企業への要請が増えているため，外部に対する企業活動の影響を常に考えながら判断・行動しなければならない状況にある．

　したがって，内部統制とはいうものの，それは単なる内部での判断だけではなく，外部を相当程度加味した判断が要求されることから，内部統制の理念としては"社会との共生"ができることということになる．

4.1.2　より高い精神理念をめざして

　より高次元の企業活動をめざすためには，第3章で述べたように，まず，コンプライアンスマネジメントを実行すべきであり，それも経営トップが自ら率先垂範，先頭に立って実行しなければならない．その内容としては，まずはじめに，企業人として倫理・道徳や経営理念・行動規範などを，個人的にも組織的にも，遵守すべきということになる．これらの規範は，いかに行動すべきかを考える場合に，判断基準や拠り所となるものである．

　これらの規範としては，その企業の歴史がしみ込んだ社是，社訓，創業の精神などがまず思い浮かぶ．これらの古い規範をそのまま使える場合はそれでよいが，現在の社会情勢に合わせてこれらの規範を変えて，新しい経営理念として制定し直すべき場合も多いであろう．

　このように会社の経営理念，行動規範などを見直すとか，新たに作る場合には，"武士道"のような，日本において過去長い間，脈々と伝わる"道徳・倫理"，すなわち"心と道"を取り入れるべきである．その内容は"義，勇，仁，礼，誠，名誉，忠義，惻隠，尊敬，孝行"などであり，これらのなかから，例えば，義＝正義，勇＝勇気，誠＝誠実，惻隠＝敗者への共感・劣者への同情・弱者への愛情，及び名誉と恥＝名を汚さない・人から笑われない・世間に対して恥ずかしくない，などを取り入れ，会社の品格＝社格を上げうるような理念・規範とすべきである．

4.1 内部統制の理念と構造

　日本は国家の品格をここ一世紀にわたり失ってきており，特に戦後はその失い方が大きいと藤原正彦はその著書『国家の品格』[*1]でいっている．国家がその品格を失いつつあるとすれば，その一構成要素である会社も同じように，その品格を失いつつあるといえる．このような状況に会社が置かれているとすれば，少しでもその状況を改善して会社の品格を上げることは，会社に参画している役員・従業員にとって非常に大切な事柄である．同時に，関係するステークホルダーにも，その精神が伝わるようにすべきである．外部の方々が会社と取引をするとか接触をする場合に，その会社や社員の品格が高ければ，尊敬の念も湧き，両者の間には，自然に良好な関係が築かれていくであろう．

　したがって，品格の高さはその会社にとって，非常に大切なものであり，その基盤の上に商品・サービス力及び販売力が合わさると，大きな力を発揮し，会社は，経済的に成功するとともに，社会から受け入れられ，尊敬されるようになる．

　昔の武士道では，儲けることをよしとはしなかったが，現代では，法令・倫理などをきちんと守って，まっとうな仕事をして適正な利益を上げることは，むしろ企業の責務であるといわれている．しかし，いつの世も儲けすぎや汚いやり方に対する世間の目は厳しいため，企業の大きな目的である"利益"とこれら"心と道"との調和は，鎌倉時代から江戸時代を通じて現代まで継続的に考えられてきたテーマである．

　鎌倉時代初期の禅僧，道元は『正法眼蔵』のなかで，"利行は一法なり，普(あまね)く自他を利するなり"，つまり，利行（善行で人々に利益を与えること）は，自分も含めて誰に対しても利益を与えることであり，常に他の迷惑にならぬよう行動すると，結局は自分を利することになると説いている[*2]．

　江戸時代初期の鈴木正三は武将だったが，出家して禅僧となり，"何の事業も皆仏行なり"として仏教的職業倫理を説いた．商人は"身命を天道に任せて，

[*1] 藤原正彦(2005)：国家の品格，pp.5-6，新潮社
[*2] 日本経営倫理学会理念哲学研究部会(2001)：新世紀＜経営の心＞16人の先達―新世紀の日本型理念経営のすすめ，p.23，英治出版

得利を思う念を休めて，一筋に正直の旨を守って"商いに徹すればよいとした．また，江戸時代中期，石田梅岩の商業倫理思想の基本は"道を知りて事を取り捌(さば)く者は，不義はせざることなり．実の商は先も立ち，我も立つことを思うなり．"と利潤の正当性を保つには二重の利を取らぬことと説いた[*3]．

明治時代になり渋沢栄一が三島中洲の"義利合一説"に共鳴し，"論語と算盤説"や"道徳経済合一主義"を唱道した．また，"武士道はすなわち実業道なり"とし，士魂商才も説いた．"よく道徳を守り，私利私欲の観念を超越して，国家社会に尽くす誠意を以て獲得せし利益は，これ真性の利益なり"とも述べた[*4]．

このように，義＝正義と利＝利益との関係は昔から問題となっているが，やはり，義を欠いた利はいけないというのが日本における結論であろう．

社会との共生をめざす次元の高い内部統制は，以上のような展開から，会社内部の役員・従業員はもちろん，外部のステークホルダーをも巻き込んだものでなければならない．そして，そのやわらかい内部統制を実施した結果得られる利益は正当なものであると同時に，次の展開や社会に向けて有効に活用されなければならないといえる．

4.1.3 ステークホルダーを意識した内部統制

現代社会の大きな特徴の一つは"差別の廃止"であり，ステークホルダーでもある女性，子供，高齢者，マイノリティ，障害者，非正規雇用者などの弱者を視野に入れた調和が必要となる．しかし，自分の会社内ではこのような弱者への差別がまだ残っているのではないだろうか．日本でのこのような差別は，なかなかなくならないのが実情である．

ところで，日本には昔から"和をもって尊しとする"という名言があるが，近年，和と称して，組織内での都合の悪いことを外部に漏らしたりすることを

[*3] 日本経営倫理学会理念哲学研究部会(2001)：前出，pp.25-26
[*4] 同上，pp.32-34

4.1 内部統制の理念と構造

許さないような締め付けが，まだまだ多くの企業内にはあるといわざるをえない．これでは企業はよくならない．最近の企業不祥事の例を見ていると，企業内には，本当の道徳，倫理はあるのだろうかと疑いたくなる．日本の経営者は天地神明に誓って"会社内業務は道徳・倫理に悖(もと)ることなく，正々堂々と行われており，社会にも迷惑をかけるようなことは一切ありません."と宣言できるのだろうか．

日本の教育において修身や道徳の教育に重きをおかなくなって久しい．我々日本人は，本当に，世界的に見て道徳的なのだろうかと疑問に思うことがある．日本には，若者を含めて道徳的でない人たちが昔以上にいることは間違いないであろう．しかしながら，こういう状況でも，企業は国内だけでなく世界を相手に競争したり，協調したりしながら，目的である事業の発展をめざして活動しなければならない．つまり，企業はその役員・従業員を一定以上のレベルの人間に育てなければ生き残っていけないことになる．その際に，上記のような弱者に対する差別的なことは可能な限り排除していくことが求められる．

まず，女性への差別をなくすことを計画的に，着実に実施していくことが求められる．"会社内での課長，部長，役員にはどれだけ女性がいるか，また男性との比率はどうなっているか"と聞くと，相当数の大企業でも答えに窮すると思われる．女性問題は5年，10年計画でじっくりと取り組むべき重要課題である．

障害者の雇用はどうか．障害者雇用納付金を払って済ませているようでは寂しい限りであり，真剣に障害者の雇用を増やして，社会貢献すべきである．

非正規雇用者の雇用はどうか．30%も雇用しているとすると，その人たちの将来はどうなるのか．いつまでも非正規雇用者のままなのか．このように多くの若者を賃金の低い状態でいつまでも雇っていたのでは，年金制度も健康保険制度も崩壊し，少子化も防げなくなる．これで本当に企業は社会の役に立っているといえるのだろうか．一企業だけではどうしようもないとあきらめていたのでは，社会はよくならない．各企業はそれぞれが許す範囲で，まず，非正規雇用を減らすと同時に正規雇用を増やす努力をするべきである．

このように，社会的弱者への思いやりの気持ちをもつことが武士道でいう"惻隠"の情をもつことであり，個人としても，企業としても大切なことである．少々の差別をしても利益さえ出せばよいだろうと経営者がいっているとしたら，まったく困ったものであり，何百年前からそういう義を欠いた利益はだめだといわれている．

社会的に許される条件を守って商売をするのが，義利合一なのであり，内部統制システムとして，こういう差別をなくす方策をきちんと入れ込むことが求められている．

一方，人類存亡の危機に至りつつある地球環境や企業活動の及ぶ地域社会・環境などのステークホルダーに対する真摯な取組みも忘れてはならない．

まずはじめに，環境問題への取組みについて考えたい．商品自体に毒物や使用禁止金属を含まないことはもちろん，生産過程での設備，装置，材料などにも環境への有害物質を含まず，使わず，かつ，廃棄物は極力少なくして，再利用，リサイクルを図るとともに生産過程での省エネルギーへの取組みも必要である．さらに，商品の移動，納入でもエネルギー消費を少なくし，客先使用中の環境への負荷を最小にするよう，商品の使用条件を良好に保つ手配をするなど，商品・サービスに直結する環境対策が必要である．この場合，本社をはじめとした事務所や各研究所，工場ごとの対策も大切であるが，物流などの機能ごとに横の連携も大切であり，全社一体となった取組みが要求される．

次に，資材，原料，設備等の調達に際して，外部調達先での生産過程における環境への配慮を契約上明確にして，漏れのないようにすること（グリーン調達）も大切であり，取引先での対策にまで入り込んで，広く環境対策に取り組むべきである．

以上のように，生産，調達，販売・納入，客先使用に至るまでの過程は，日本だけでなく世界各地にまたがるため，各地域の法規制等をクリアすることも必要となる．その場合，単に環境対策だけをやればよいということではなく，同時に，生産，販売，アフターサービスなどにかかわる各地域の諸法令や諸慣習（倫理・道徳を含む．）を遵守してビジネスを行い，地域社会に貢献してい

くことが大切になる．

以上のような対応が可能となるような内部統制システムを作り上げることが，いままさに企業に要求されているといえる．

4.1.4 内部統制の構造

内部統制の基本構造とは，取締役会が会社経営の基本方針を決定し，業務執行取締役（又は執行役）がその基本方針を守りつつ，組織を適切に動かして業務を遂行すると同時に，監査役監査（又は監査委員会監査），会計監査人監査などの監査機能が適切に働き，"会社業務執行の適正性"を確保する仕組みをいう．

一方，金融商品取引法で要求される内部統制では，取締役会による前述の仕組みに加えて，特に財務報告に係る内部統制の評価と監査について取り出し，経営者による評価とその評価に対する外部監査人（監査法人等）の監査機能が追加的に，かつ，適切に働き，株式上場（維持）のために必要な"財務報告の信頼性"を担保するための仕組みをいう．

内部統制の構造としては，次の(1)〜(3)をいうが，金融商品取引法における内部統制の構造を(4)としてまとめた．

(1) 取締役会による会社経営の基本方針の決定と各部門への展開

(a) 経営理念の制定・改定　経営理念の制定・改定を社会の変化に合わせて適切に行う．この場合，社是・社訓・創業の精神などとの関係やバランスに留意することが重要である．また，個人だけでなく組織としての倫理観・道徳観を高めるような配慮とともに，組織的倫理行動が盛り込まれていることが大切である．

(b) 経営方針の徹底　年度経営方針をきちんと策定して，関係会社を含む役員・従業員全員に徹底させる．

(c) 経営計画・活動計画策定と実施　年度経営計画（予算）を年度経営方針に沿って策定し，それを関係会社を含む各部門予算に落とし込み，各部門が当年活動計画に基づいて業務を遂行する．

(d) 大会社の義務　大会社については，会社法第362条第5項及び第4項第6号により，内部統制システム構築の基本方針を取締役会で決定することが義務づけられている．したがって，その決定がなされていて，内部統制システムが構築され，きちんと運用されていることが必要である．

(e) PDCAの実施　方針の展開とその結果の反省を行い，次年度にまた，PDCAのマネジメントサイクルをきちんと回す．

(2) 組織的業務執行

会社組織をうまく動かして業務を適切に遂行するには，次の(a)～(f)を実施することが必要である．

(a) 適法な業務執行　法令・定款に違反することなく適法に業務執行され，コンプライアンスの励行が行われていること．

- 倫理・道徳の徹底
- 企業理念・経営理念の実践
- 会社法，定款の遵守
- 民法の遵守及び刑法犯罪の回避
- 独占禁止法，証券取引法，不当景品類及び不当表示防止法，不正競争防止法，商標法，下請代金支払遅延防止法等の遵守
- 守るべき関係業法や業界自主基準等の明確化とその具体的実施策の明示
- 法人税法，所得税法，印紙税法，建築基準法，環境関連法等の遵守
- 法務部門の充実と社内教育の実施

これらの守るべきことや実施してはならないことを簡潔にまとめたマニュアルを，全従業員に配付し，教育するとよい．

(b) 業務規定類整備・実施　会社運営の基礎となる規定類がきちんと定められており，定められたとおりに，きちんと運用・実施されていること．

- 規定には，取締役会規則，組織規程，業務分掌規程，職務権限規程，稟議規程，関係会社管理規程などがあり，組織的な活動の基準となるものがあること．
- 次に，販売管理規程，購買管理規程，経理財務規程，予算管理規程，与

4.1 内部統制の理念と構造

信管理規程，技術管理規程，生産管理規程等の業務規定類があり，各部門の業務の基本的仕組みが決められていること．
・人事労務の規定として，就業規則，労働協約，給与規程，旅費規程，育児介護規程，国際的児童労働の禁止・地域的労働慣行の尊重などがきちんと定められていること．
・会社法や証券取引法関係の規定として，株式取扱規程，インサイダー取引防止規程などがきちんと定められていること．
・内部監査規程があり，経営トップ直結の内部牽制組織（監査室等）があること．
・個人情報保護法に関連して，情報セキュリティ管理規程があること．
・リスク管理の規程があり，横断的な組織によって，定期的にリスクの見直し，評価及びその対応がなされていること．
・業務の処理基準や詳細で実務的な作業手順（マニュアル）等が体系的に，かつ，必要十分に備えられ，実施されていること．
・以上の規定に定められた業務の流れがきちんとフローチャートにまとめられ，誰が，何を，いつ，どういう手続きで，決裁を取り，業務を進めるのかが明確に分かること．

(c) 組織の運用 組織は通常，ライン・スタッフや事業部制などが組み合わされてできており，組織関係規定によってその指揮命令系統が明確になっていること．

上意下達も大切だが，下意上達もうまく運用され，組織内の風通しをよくすることが大切である．縦割り組織だけでは解決が難しい重要課題については，適宜，委員会等の横断的組織を設置するべきである．例えば，コンプライアンス委員会，CSR委員会，環境委員会，リスク管理委員会，品質管理委員会，情報管理委員会等があり，活用されていること．

また，社内情報収集を容易にするために，通常組織以外の社内ホットラインの設置や外部弁護士事務所等を活用した通報ルートの設置がなされ，内部通報制度が確立し，運用されていること．

(d) 業務処理の明確化と適正な経理処理 各部門・各人の業務分担及び責任・権限が明確であり，必要な決裁を取得して取引等の業務を実施する体制になっていること．

外部とは必要な契約を取り交わした上で取引等をするとともに，取引や事実（商品やサービスの移動・実施など）を示す証憑がきちんと集められる体制になっていること．また，部門間における内部取引については，規程などに基づいて取引明細表，伝票といった必要帳票が間違いなく発行され，商品やサービスと帳票類の内容が一致して取引されていること．

また，これらの事実に基づいてきちんと経理処理がされていること．この場合，経理部門（各部門の経理を含む．）は帳票類や証憑をきちんと精査して，間違いのない数字がコンピュータシステムに入力されているかを検証しなければならない．特に重要な売上高や仕入高については，個別伝票・証憑の集計値と売上明細表や仕入明細表等の正しい合計値との検証は必須である．

(e) 有効な内部牽制制度 ある業務を実行する本人だけでその業務が完結するのではなく，内部牽制が有効に働くようなシステムになっていること．

上司へのホウレンソウ（報告，連絡，相談）はもちろん，関係先への報告，書類提出なども適切に行われており，かつ，内部牽制機能を担う組織がきちんとそれら報告，提出書類等を再チェックしていること．また，おかしいと思ったら，堂々とその誤りや事実を指摘できるような雰囲気になっていることが望ましいが，匿名で外部・内部の通報ルートも活用できるような体制になっていること．

(f) IT（情報技術）の活用 現在はコンピュータが小型化され，その処理能力は昔に比べると非常に向上してきており，その活用方法によって企業間の格差が出る時代になっている．

特に，ここ10年間にインターネットの利用が著しく普及し，企業間，企業内，企業・個人間及び個人間で，国内・世界にまたがってその利用が拡大し，インターネットビジネスも急速に拡大していると同時に，いまや企業間文書，社内文書もインターネットやイントラネットで行うのが当たり前になってきて

いる．

また，CAD・CAM利用による設計・生産活動は当然として，経理の仕組みもコンピュータの利用が当たり前になってきている．その経理システムを作る場合には，インプットするときに，大きな間違いを自動的にチェックし，インプットミスを排除するシステムとすべきであり，かつ，部門間で相互牽制が可能な仕組みを作り込むことにより，より高度な内部統制システムとすることが大切である．

以上から，企業活動のうち，相当部分に関して，ITの活用が十分に行われていること．

(3) 監査組織

次のような監査組織が有効に機能する必要がある．

(a) 監査役監査 監査役は監査役会を組織し，経営執行部に対して独立して運営されており，取締役会の運営をはじめとして，取締役の業務執行を適切に監査していること．

2006年5月施行の会社法によると，適法性に限らず，業務の妥当性，効率性も含めすべての会社業務の適切な実施状況を監査することになっており，同時に，会計監査人の会計監査の相当性も判断しなければならない．また，社外監査役の活動状況も事業報告で報告しなければならず，監査役の監査対象の拡大とその内容の充実が求められている．

取締役会では，監査役会での監査審議結果を適宜説明するとともに，取締役会及び経営執行部に対して，積極的に，的確な意見表明をして，会社の方向づけやコンプライアンス・業務改善などに効果が出るようにすべきである．

この会社法の改正によって，監査役会及び監査役は経営執行部から独立して監査しうる体制，例えば，監査役を補佐する専門の部署ないし人員を確保するなど，その監査体制をきちんと整備する義務があり，実際にその監査体制を作って，活用していること．

また，内部監査部門とは常々，情報の交換・共有に努め，連携をよくして，効率的な監査とするように努力すべきである．

(b) 会計監査人監査 会計監査人は外部監査機関として，職業的専門性をもって，準拠すべき監査基準に従い，会社決算の正当性，正確性，妥当性を監査し，株主をはじめとするステークホルダーに会社の財務報告書の正しさを証明する．

特に，株式上場企業については，金融商品取引法で要求される内容，すなわち財務報告の信頼性を確保するための内部統制（財務報告に係る内部統制）に関して，次のように，経営者の内部統制報告書を適切に監査することが求められており，2008年4月以降開始する事業年度から実施しなければならない．

経営者は，財務報告に係る内部統制の有効性評価を行い，その結果を外部に向けて"内部統制報告書"として報告する．

この内部統制報告書が公正妥当な基準に準拠して，内部統制の有効性の評価結果を重要な点において適正に表示しているかにつき，財務諸表監査人が，自ら入手した監査証拠に基づいて判断した結果を意見表明することになる．この意見は"内部統制の評価に関する監査報告書"（内部統制監査報告書）により表明する．

以上から，会社側による会計監査人監査への対応は，従来以上に正確で，慎重な対応をしなければならない．

(c) 内部監査 内部監査部門が独立して設置され，適切に運営されていること．

内部監査部門は経営トップ直属の組織となっており，かつ，必要な人員を擁して，適切な承認を取った年間監査計画に基づき，監査を実施していること．

監査結果については，被監査部門にフィードバックされ，改善計画の提出とその改善が着実に行われていること．

また，内部監査部門は監査役・監査役会と密接に連携を取り合って，計画的，かつ，効率的な監査を心がける必要があるとともに情報の交換・共有にも努力すべきである．

(4) 金融商品取引法における内部統制

(a) 金融商品取引法の成立 財務報告の信頼性確保を目的の一つとして，

4.1 内部統制の理念と構造　　101

　2006年6月に証券取引法が改正され，2007年金融商品取引法と名前を変えて施行された後，いわゆる内部統制関係の規定が2008年4月から適用となる．改正点の大きな目玉の一つが，米国 SOX 法に習った"内部統制の強化"である．

　同法では，内部統制の強化に関して，次のように規定している．

　　① 上場企業には有価証券報告書の記載内容が適正であるという確認書の提出義務あり[5]．

　　② 上場企業には内部統制報告書（財務計算書類等その他の情報の適正性確保に必要な体制の評価報告書で，監査法人・公認会計士の監査証明付のもの）の提出義務あり[6]．

　　③ 罰則等については，内部統制報告書の不提出や虚偽報告の場合には罰則だけでなく，損害賠償責任を負うようになった．報告書提出時の役員だけでなく公認会計士・監査法人にも責任があることになった[7]．

このように，すべての上場企業は，2008年4月から始まる事業年度から，上記二つの書類を内閣総理大臣に提出し，その写しを証券取引所に提出しなければならない．その場合に，義務違反をすると，大きな罰則を受けたり，損害賠償責任を負うことになる．

(b) 内部統制報告書の内容　内部統制報告書の内容については今後の関係政令で明確になるが，金融庁企業会計審議会内部統制部会作成の"財務報告に係る内部統制の評価及び監査に関する実施基準（公開草案）"が2006年11月

---

[5] 金融商品取引法第24条の4の2
[6] 金融商品取引法第24条の4の4，第193条の2第2項
[7] 罰則等の強化についての概要は，次のようになっている．
　　① 内部統制報告書の重要事項に虚偽があるか，重要事項や重要事実等の記載がない場合には，この事実を知らずに有価証券を取得した場合に生じた損害につき，提出時の役員及び証明した監査法人・公認会計士に賠償責任がある．（第24条の4の6）
　　② また，同報告書若しくはその添付書類の不提出，重要事項虚偽及び証券取引所への虚偽提出等の場合には5年以下の懲役若しくは500万円以下の罰金に処し，又はこれを併科する．（第197条の2第2号，第5号，第6号）
　　③ 内部統制報告書の写を証券取引所に不提出の場合には1年以下の懲役若しくは100万円以下の罰金に処し，又はこれを併科する．（第200条第1号）

21日付で公表された．

その内容は次のとおりで，より政令に近い形のものといえる．

　Ⅰ．内部統制の基本的枠組み
　Ⅱ．財務報告に係る内部統制の評価及び報告
　Ⅲ．財務報告に係る内部統制の監査

その要約は以下のとおりである．

(i) 内部統制の基本的枠組みでは，内部統制の定義（目的）として，"内部統制とは，基本的に，業務の有効性及び効率性，財務報告の信頼性，事業活動に関わる法令等の遵守並びに資産の保全の四つの目的が達成されているとの合理的な保証を得るために，業務に組み込まれ，組織内のすべての者によって遂行されるプロセスをいい，統制環境，リスクの評価と対応，統制活動，情報と伝達，モニタリング（監視活動）及びIT（情報技術）への対応の六つの基本的要素から構成される．"[*8] としている．

(ii) 財務報告に係る内部統制の評価及び報告では，"経営者は，内部統制を整備・運用する役割と責任を有しており，特に，財務報告の信頼性を確保するため，財務報告に係る内部統制については，公正妥当な評価基準に準拠して，その有効性を自ら評価し，その結果を外部に報告するが求められる．"[*9] としている．

(iii) 財務報告に係る内部統制の監査では，内部統制監査の目的は，"経営者の作成した内部統制報告書が，公正妥当な内部統制の評価の基準に準拠して，内部統制の有効性の評価結果をすべての重要な点において適正に表示しているかにつき，財務諸表監査人自らが入手した監査証拠に基づいて判断した結果を意見表明することにある．"[*10] としている．

詳細は省くが，金融商品取引法では，経営者の責任がより一層重くなり，内部統制システムの構築とその運用並びに経営者によるその評価報告が，上場企

[*8] 公開草案　Ⅰ．内部統制の基本的枠組み，1．内部統制の定義（目的）
[*9] 公開草案　Ⅱ．財務報告に係る内部統制の評価及び報告
[*10] 公開草案　Ⅲ．財務報告に係る内部統制の監査，1．内部統制監査の目的

業の死命を制するようになると思われる．今後の進展を見守り，その対応に留意する必要がある．同時に，外部監査人である監査法人等の責任も重くなり，内部統制の監査の重要性がより一層高まると思われる．

4.2 各種法令が求める内部統制の概要と対象ステークホルダー

内部統制に関係する法令として，2006年5月に施行された"会社法"，2006年6月7日に成立した"金融商品取引法"，東京証券取引所による"適時開示に係る宣誓書及び会社情報の適時開示に係る社内体制の状況を記載した添付書類"の提出義務づけ（2005年1月に新設），"有価証券報告書等の適正性に関する確認書"の提出義務づけ，"コーポレートガバナンス報告書の開示"の求めなどがある．

以下では，会社法と金融商品取引法に主に焦点を当て，それらが求める内部統制の概要と対象とするステークホルダーを解説する．

4.2.1 会社法

会社法では，大会社（最終事業年度の貸借対照表上の資本金の額が5億円以上又は負債の合計額が200億円以上の株式会社）と委員会設置会社（指名，監査，報酬委員会を設置し，業務執行を執行役が行う会社．旧商法でも内部統制構築義務が明文化されていた．）に"内部統制システムの整備"が義務づけられている（会社法では，第348条第3項第4号で各取締役に委任できない事項の一つに"取締役の職務の執行が法令及び定款に適合するための体制その他株式会社の業務の適正を確保するために必要なものとして法務省令で定める体制の整備"が挙げられている．会社法では内部統制という言葉は使用されていないが，会社法施行規則での定めを含め，内部統制システムの整備を大会社と委員会設置会社に求めていると解釈されている．）．

そして，"業務の適正化を確保するために必要なものとして法務省令で定め

る体制の整備"については，会社法施行規則で，取締役会設置会社でない株式会社の取締役が決定すべき体制（第98条），取締役会設置会社の取締役会が決定すべき体制（第100条），委員会設置会社の取締役会が決定すべき体制（第112条）を定めているが，"取締役（執行役）の法令遵守"，"情報の保存と管理"，"損失の危険の管理"，"職執行の効率性確保"，"使用人の法令遵守"，及び"企業集団としての業務適正化を確保するための体制整備"が整備すべき共通のものとして挙げられる．

このように，会社法が整備を求めている内部統制の範囲は，次のとおりである．

① "コンプライアンス"，ただし狭義のコンプライアンスである企業活動に関連する法律を含む法令遵守だけではなく，社会規範の遵守，倫理上の好ましい企業行動の実践を含む広義のコンプライアンスの整備が求められている．
② 営業秘密や契約書等の重要情報の管理体制，ITのセキュリティやバックアップ体制，ホウレンソウ（報告，連絡，相談）体制などに代表される"情報の保存と管理"．
③ 外部要因及び内部要因から生じる可能性のあるすべてのリスクの把握とリスクの評価及びリスクの対応からなる"損失の危険の管理"．
④ 権限と責任を明確化し，そのルールに従った業務を適切に実施・監視し，効果的，効率的な事業計画や予算等の策定と運営を行うようにする"職執行の効率性確保"．
⑤ コンプライアンス行動憲章やマニュアルなどの作成と教育・研修，内部通報制度による自浄活動，内部監査によるチェックなどによる"使用人の法令遵守"．
⑥ 子会社に対する不当な圧力防止策，共通ブランドの使用がある場合の子会社での使用から生じる可能性のあるリスク防止策，親会社での粉飾に利用されるおそれのある子会社におけるリスク防止策などの"企業集団としての業務適正化を確保するための体制整備"．

4.2 各種法令が求める内部統制の概要と対象ステークホルダー

会社法では，コンプライアンスを基軸とする内部統制システムの整備を，大会社及び委員会設置会社以外に義務づけていないことはすでに記載したとおりである．しかし，わが社はそれ以外の会社に該当するから，内部統制システムの構築や整備をする必要がないとの短絡的な結論をもつならば，それは間違いである．理由の一つとして，どんな法令も社会事象や不祥事に代表される事件の類などに先行して制定・施行や改変されることはない，つまり事実の後追いとなることが挙げられる．会社法が義務づけている会社形態ではないから大丈夫という論拠がいつまで続くかは保証の限りではない．すべてを一度に対処することが無理であれば，まずは整備が求められているものの一つから着手していくという経営層の姿勢と強い意志が望まれる．その際，すべての根底になる"コンプライアンス"態勢の構築・整備から着手していくことをお勧めする．

次に不祥事を含む事件は，マスメディアで大々的に報道される大会社ばかりで発生しているわけではないということがある．事件は，偶然・偶発的に起きるものではない．意図的，人為的に引き起こされた出来事であり，いわば故意に近いものであるとマスメディアも含むステークホルダーは捉えている．名門企業が解体の憂き目にあったことも想起していただきたい．社会を含むステークホルダーのまなざしは，より厳しくなっている現状にある．

不祥事を含む事件を起こさない体質を作っていくには，内部統制システム，特に"コンプライアンス"態勢の構築が必須である．事件を発生させると，ステークホルダーからの評判や信頼の下落だけでなく，市場撤退，倒産も待ち構えている．同業他社もステークホルダーの一つであることにも留意しなければならない．

法令で該当している会社ではないから内部統制システムの構築をしないという結論を，該当しないすべての会社の経営トップがもつとは限らないことも指摘しておきたい．株主代表訴訟が提起されることもありうる．その際，同業他社の内部統制システムの構築・整備状況も取締役の善管注意義務（会社法第330条，民法第644条）違反に基づく任務懈怠責任（会社法第423条）が問われる基礎的要素とされる可能性も否定しきれない．唯我独尊ではなく，同業

他社の動向も注視しなければならない．

また，該当しない会社であっても，過去に資本金1 000万円，従業員約40名の会社の代表取締役に内部統制システムの構築義務が認められた判決も出ている（名古屋高裁金沢支部平成17年5月18日判決）．小資本であるといったことも理由とはならないのである．何も規模の大小等を考慮せず，売上高や利益に匹敵する，あるいはそれらを上回る構築・整備コストをかけなければならないとは誰も命じてはいない．身の丈に合った構築・整備を，社会というステークホルダーがすべての会社に求めてきているとの現状認識が肝要である．

会社法が整備を求めているコンプライアンスを基軸とする内部統制システムが，ステークホルダーの誰を対象としているのかについて，日本経営倫理学会・CSRイニシアチブ委員会の『CSRイニシアチブ』[11]のステークホルダー分類をもとにすると，以下のとおり考えられる．

① 経営トップを含む経営層は大綱を示すこと等が求められており，"従業員"の協力と協働がなければならない．

② 企業は国内だけでの活動に限らない．会社法は日本の法令であるが，その根底には米国企業改革法（2002年7月30日制定のSOX法）やCOSOが1992年に公表した"内部統制に関する統合的枠組み"の考え方の導入などに代表される"国際社会"がある．

③ 旧来からいわれてきている会社の本来の所有者である"株主"や"投資家"のために企業価値を向上させていかなければならない．

④ 自社が会社法にいう内部統制システム構築・整備義務の適用外会社であるとして構築・整備に気乗りがしない場合でも，"取引先"から要請があることもあるし，また内部統制システムの取組み状況が中長期の取引継続の条件として提示されてくることもありうる．

⑤ 会社法の施行や経済産業省の企業行動の開示・評価に関する研究会が，2005年8月に公表した"コーポレートガバナンス及びリスク管

---

[11] 水尾順一ほか編，日本経営倫理学会・CSRイニシアチブ委員会(2005)：CSRイニシアチブ，日本規格協会

理・内部統制に関する開示・評価の枠組み―構築及び開示のための指針"に代表される"行政"とのかかわり．
⑥ 同業他社の取組み状況も参考にしていかなければならず，その観点からの"競争会社"．
⑦ 内部統制システムの不備等によって不正行為なども含む不祥事・事件を発生させた場合のマスメディア対策や二次被害の防止対策での"マスメディア"とのかかわり．
⑧ 内部統制システムの不備による欠陥製品の市場流通等によって苦情や不満等が寄せられ，場合によっては不買につながる"消費者"とのかかわり．
⑨ "損失の危険の管理"の一つであると位置づけられる環境問題に対する内部統制システムの構築・整備での"地域社会・地球環境"とのかかわり．

このように，あらゆるステークホルダーが会社法で規定する内部統制システムと関係しているということがいえる．法令が求めるからやらなければならないとか，該当しないからやらないということではなく，会社を取り巻くステークホルダーとの関係，社会的責任を履行していくために避けては通れないものの一つが内部統制であると，認識を新たにしていただきたい．

4.2.2 金融商品取引法ほか

前述の"会社法"と"金融商品取引法"とを比較すると，構築・整備すべき内部統制システムの目的が違うということが指摘される．"会社法"は，非常に広範囲にわたる内部統制システムの整備を求めることによって，企業統治を行うための適切な組織の構築を目的としたものである一方，"金融商品取引法"は，財務諸表の信頼性を確保することを主目的とし，その信頼性の確保による証券市場の正常化と維持を到達目標としている法律である．

金融商品取引法のもとになった金融庁内部統制部会が公開した"財務報告に係る内部統制の評価及び監査の基準のあり方について"では，内部統制とは，

基本的に，"業務の有効性及び効率性"，"財務報告の信頼性"，"事業活動に関わる法令等の遵守"，"資産の保全"の四つの目的が達成されているとの合理的な保証を得るために，業務に組み込まれ，組織内のすべての者によって遂行されるプロセスであるといっている．

また，内部統制は，統制環境，リスクの評価と対応，統制活動，情報と伝達，モニタリング（監視活動），ITへの対応の六つの基本的要素から構成されるとしている．以上を鑑みると，財務諸表の信頼性の確保のためには，企業の全構成員(体)・全業務が関係するのであるから，経営者，取締役会，各部課や工場，従業員などの人や組織の観点，業務プロセスや資産保全などの観点からの内部統制全般のPDCAをきっちりと機能させなければ，適正で信頼される財務報告を公表することが不可能であることが示唆される．

また，財務報告は事業活動のあらゆるフェーズに関係し，事業活動全般に及ぶものである．そのことからも，財務報告の信頼性確保のためには，事業活動に関わる法令等の遵守の言葉で明記されているように，社会規範の遵守なども含む広義のコンプライアンスの励行も求められているとの認識ももつべきである．

なお，対象となるステークホルダーについては，金融商品取引法や東京証券取引所の求めからすると，上場企業を対象としていることから，"投資家"や"株主"だけがステークホルダーであると限定してしまったり，上場企業を対象とした法令であるから非上場であるわが社には関係しない法令であるとしてしまうことが懸念される．

しかし，今は，該当しなくても近い将来に上場を一つの目標とする企業も多いはずである．したがって，今のうちから内部統制システムの構築や整備に着手するのに早くて悪いということはない．というのも構築や整備には時間とコストが相当かかるからである．

また，一口に"投資家"や"株主"といっても，現状のこれらのステークホルダーだけが対象ではないことにも留意しなければならない．今後，自社への投資家や株主になりうる潜在的な投資家や一般個人なども，ステークホルダー

である.

　金融商品取引法で求められているから整備・構築しなければならないというように，法令で求められているからということだけを，内部統制の整備・構築の目的とするのは本末転倒である．業務の有効性や効率性を高めていく，法令遵守を含むコンプライアンスの徹底を図る，保有する資産の保全を図っていくことなどを目的に内部統制システムの整備を図っていけば，自社を取り巻くすべてのステークホルダーが対象となる．それが本来あるべき姿であり，社会的責任を果たしていくことにもつながることになる．

　最後に，非上場であっても，会社法でいう大会社や委員会設置会社は，内部統制システムの整備に取り組まなければならないし，上場企業の主要取引先である場合には，上場企業から内部統制システムの構築・整備を求められることもある．法令に該当するか否かで取組みを決断する愚策は益がない，ということを重ねて言及しておきたい．

4.3　ステークホルダーとの対話に向けて

　前節で，"会社法"や"金融商品取引法"で義務づけられているから，内部統制システムの構築・整備を実行していく，あるいはこれら法令の適用外であるから内部統制システムの構築・整備をしなくてもよいとの短絡的な結論をもつことは，社会という大きなステークホルダーの各会社に向けられている各種要請に対するある種の背信行為であるという見解を記載した．

　"会社は，誰のために存在するのか"というテーマの書籍等が出されるなど，マスメディアを含め世上でも話題となっている．従業員だけのため，既存の株主や投資家のためだけなど，会社を取り巻くステークホルダーごとに想起していくだけでもおのずと結論は明らかである．

　会社は，取り巻くすべてのステークホルダーのために存在している．したがって，これらステークホルダーとの対話（双方向のコミュニケーション）を繰

り返すことによって，会社は持続的発展に向けて邁進していかなければならない存在であるとともに，ひいては社会的責任も果たしていかなければならないことが，日本社会に定着してきている現状にあると結論づけられる．

4.3.1 内部統制のコアステークホルダーとの対話

"内部統制のコアステークホルダーは？"との問いについては，内部統制という言葉の"内部"という言葉にその一端が表明されている．会社内部には，"経営者"，"取締役などの経営トップ層"，"取締役会"，"監査役"，"従業員"などが存在している．内部統制の核となるコアステークホルダーは，これら"内部"の人や組織体であるということになる．

"経営者"はまず，内部統制システムの構築・整備をしていくという強い意志の表明，及び公平な倫理観に基づく会社業務全般に対する方針や考え方，態勢のあり方に対する自らの考えの表明などを，会社内部の他のコアステークホルダーに対してしなければならない．内部統制システムの構築・整備は，今後の企業価値を大きく左右していく最大の要因の一つとなってきているし，企業の不祥事や事件に対して社会が向ける眼差しにも依然，厳しいものがある．経営者みずからが率先して，不祥事や事件を発生させないよう努めるだけでなく，内部統制の核であるコンプライアンスを，組織の末端まで浸透させていかなければ企業の存続すら危ぶまれる時代となってきている．

したがって，経営者みずからが率先して他の内部ステークホルダーに，内部統制システム構築・整備に向けた対話をすることが肝要である．内部統制は，すべての業務執行に関する適正化が求められており，その対象範囲は業務全般にわたる．社内のどこに問題が内在しているのか，現在トラブルを抱えていることはないのか，課題は何かなどについて，対話を通じて真の状況を把握していかなければならない．

"取締役などの経営トップ層"も，経営者とともに株主から企業経営を委任された専門家である．取締役は，代表取締役などと同じく，内部統制システムの不備に起因する株主代表訴訟で善管注意義務違反による任務懈怠責任を問わ

4.3 ステークホルダーとの対話に向けて　　　　　　　　　　111

れることがある．

　取締役は，管掌部門の各種情報を正確に把握して，トップである経営者に伝達するとともに，経営者の意向や判断並びに取締役会での決議事項を正確に実践し，現場に伝達し，実現していく機能を担っている．この機能を発揮するためには，経営者の指示や取締役会での決議事項を正確に把握し，法令遵守や効率性なども考慮しつつ，経営者の指示の合理性をチェックした上で，実現に向けての具体的な指揮及び命令をしなければならないし，点検・監督もしなければならない．そのためには，上（経営者），同じ地位にある者（取締役），下（中間管理職など）との日頃の密なコミュニケーションを心がけないと，取締役としての職責が果たせなくなる．

　"取締役会"は，会社経営の根幹にかかわる内部統制システムの大綱や基本方針を決定する"内部統制システムのPDCAサイクル実践"の中核組織体である．取締役会は，経営者の意向を伺うだけのイエスマンの集まりであってはならない．経営者が，内部統制システムをどのように構築し，その有効性を組織全体として維持していこうとするのか，組織の潜在的な欠陥や問題点を正確に把握しているのかなどを監視するとともに，各取締役が，管掌業務に関連する内部統制システムの有効性や問題点を，どのようにして確認・掌握しているのかを相互監視する機能も果たしていかなければならない．その意味では，取締役会は，日常の業務活動に関する会社全体の対話度を測定し，是正を勧告していく機能も果たす機関でもなければならないだろう．

　"監査役"は，経営者に対しても，取締役に対しても内部統制にかかわる厳しい点検を迫ることができる立場にある．しかしながら，経営者から十分に独立した立場で監視・検証できなかったために，事件や不祥事の発生を早期に発見することができなかったり，事件や不祥事の芽を発見することができたにもかかわらず，経営者に問題提起することができずに結果的に事件や不祥事の招致に至っているものもあることが，"企業行動の開示・評価に関する研究会の中間報告書"（経済産業省，2005年8月31日）に見られる．本来，監査役は，会社全体の業務遂行の現状及び将来的な展望についてもチェックし，是正の意見

を述べることができる立場にあるし，監査役の対話力にはもともとパワーがあるはずである．部屋にこもることなく，計画立てて現場を見るようにするとともに，現場の人たちとも対話するようにしていくべきであろう．

"従業員"は，内部統制成否の鍵を握る重要な内部コアステークホルダーである．"子は親の背を見て育つ"という言い伝えがあるが，この親子の関係は，経営者と従業員そのものである．すなわち，親である経営者の率先垂範があってこそ，子である従業員へのコンプライアンスの浸透が可能となる．

日常的に発生しうる例を紹介しよう．日常の業務活動については文句なく，能力もあり，博識である従業員Aがいる．ある日，Aの会社の経営者であるBが通勤時の駅プラットホームで電車に乗ろうとしているAを偶然見かけたところ，全員が整列乗車しているのに，Aは整列を無視して乗車してしまった．あろうことか，電車内で，携帯電話を片手に大きな声で話している．経営者として，このような会社以外の公衆が利用する場所で，自社の従業員が社会のルール違反をしているという事実にどのような思いをもつであろうか．

業務時間外であることを理由に，ルール違反という事実に目をつぶろうとするのは誤りで，それでは真に価値ある内部統制にはなりえない．業務時間外の日常生活においても社会の規範を遵守するよう，分かりやすい事例を挙げて朝礼や訓話等の機会に説くことが重要である．もちろん，親である経営者みずからが，ルールをしっかり遵守すべきであることはいうまでもない．これが"子は親の背を見て育つ"である．

"外箱"である内部統制関係の諸リスクや内部統制システムに関する考え方，組織のあり方や方針・ビジョンなどを"従業員"の意見や会社の現況を踏まえて，まず，内部に表明することがスタートとなる．現状を踏まえるにあたっては，内外を問わず会社を取り巻く種々のステークホルダーの動向や嗜好を十分に把握すべきであり，まず，社内でこのことについて対話（双方向コミュニケーション）することから第一歩を踏み出すとよい．

4.3.2 従業員が内部統制成否の鍵

　製品の一部である"外箱"も，そのなかに内容物がなければ真の製品とは認知されない．"外箱"もさることながら，そのなかの内容物が，良いものとして，消費者等のステークホルダーに認知されてはじめて売れ筋の製品となる．"外箱"も大切であるが，"中身"が肝心である．

　内部統制システムについても，"外箱"は，経営者等が用意しなければならないわけであるが，良い"中身"が含まれることになるか否かの成否の鍵は，業務の細部にわたって熟知している従業員が握っている．内部統制システムの構築・整備は，全社的な内部統制が効果的かつ効率的に機能するような統制環境づくりと，各業務プロセスごとの統制活動づくりからなるように，製品にたとえる"外箱"作りも，全社及び各業務プロセスの二つの側面から実施していかなければならない．経営層はこの点に留意する必要がある．

　次に"中身"を良いものとしていくには，従業員の支援・協力・協働が絶対要件である．内部統制システムの重要な一つの柱であるコンプライアンスについても同様である．"従業員"との対話（双方向コミュニケーション）が鍵となる．そうはいっても，経営層と一般従業員の間には，残念ながら，会社の規模を問わず，距離があるのが常である．常日頃，対話を繰り返すことはなかなか至難であるかもしれない．

　その距離を埋めるのは，中間管理職の存在ということになろう．中間管理職の経営層との対話も重要であるが，一般従業員への気配り・目配りを根底とした対話が，内部統制システムの重要な一つであるコンプライアンスの実践に欠かせないものとなる．ちょっとした気配り・目配りが，コンプライアンス違反を防止することになっていくはずである．

　いくら，コンプライアンスに関する憲章やマニュアルがあっても，一般従業員は，日常業務で変だな，おかしいな，これはどう判断すればよいのだろうとの感情や疑問をもった場合，憲章やマニュアルに記載されたことや教育・研修で学んだことから判断することができなかったり，疑問を解消することができないケースは多々あるだろう．内部通報制度が存在したとしても，日常業

務のちょっとしたことを相談するための制度ではないし，窓口に日常の疑問や思いをぶつけるわけにはいかない．そんなときに上司である中間管理職に相談してみようとの考えに至るのが一般的ではないかと思料する．

その際，中間管理職が，"いま，取りかかっている仕事が忙しいんだよ"，"邪魔だよ"，"後で"などと取り合わず，さらに，挙句の果ては相談を持ちかけられたことすら忘れてしまう事態を想起してみると，二度と相談する気すら起きなくなるという結末に至ることになる．

労働災害の世界で有名なハインリッヒの法則というものがあるということは3.1.1項で述べた．1件の事件・事故の背後には，29件の事故・事件の予兆があったはずで，さらには予兆の前段階に300件の日常業務活動でのちょっと変だな，おかしいな等の"異変"があったはずである．なぜ，事件・事故に至る前の"予兆"の段階で対処できなかったのであろうか．"予兆"の前にはちょっとした"異変"が多くあったはずである．"異変"の段階で対処できていれば，大事に至らなかったはずであるとし，事件・事故の類は何か発生した事象が即座に事故・事件に至るわけではないとする考え方である．

この考え方は，コンプライアンス違反の事故・事件にも該当する．日常の"異変"をキャッチし，コンプライアンス違反につながる芽を摘むには中間管理職が部下である従業員との対話のなかから汲み取ることができることも多いということに留意していただきたい．

危機管理も，内部統制システムのなかに組み入れていかなければならない．よく台風や地震のような自然災害への危機管理対応では，発生から72時間が勝負であるともいわれる．72時間リミット説を全面否定するつもりはないが，会社が抱えるリスクはコンプライアンスにかかわるリスクや火災リスク等，自然災害以外のリスクも多い．24時間以内に何ら対応の初動すら取れない場合には，マスメディアによる二次被害も招致することになるかもしれない．なにはともあれ事後よりも事前の対策が重要である．コンプライアンスもしかりで，事後よりは事前の対策が大切であり，事前対応には，中間管理職や一般従業員との日常の対話が大切ということである．

4.3 ステークホルダーとの対話に向けて

内部統制対象リスクの分類について，種々の分類方法はあるが，図表 4.1 に例を挙げる．この中で，②"業務運営上のリスク"の法令遵守に関係するもの，③"予測が可能なリスク"の法令の変更によるものについては，コンプライアンス関連リスクとして理解されやすいと思うが，それ以外の大半のリスクのなかにもコンプラインスリスクが内在している．コンプライアンスは，ビジネスに伴うリスク中でもかなりのウエイトを占める重要リスクであることに留意しておかなければならない．

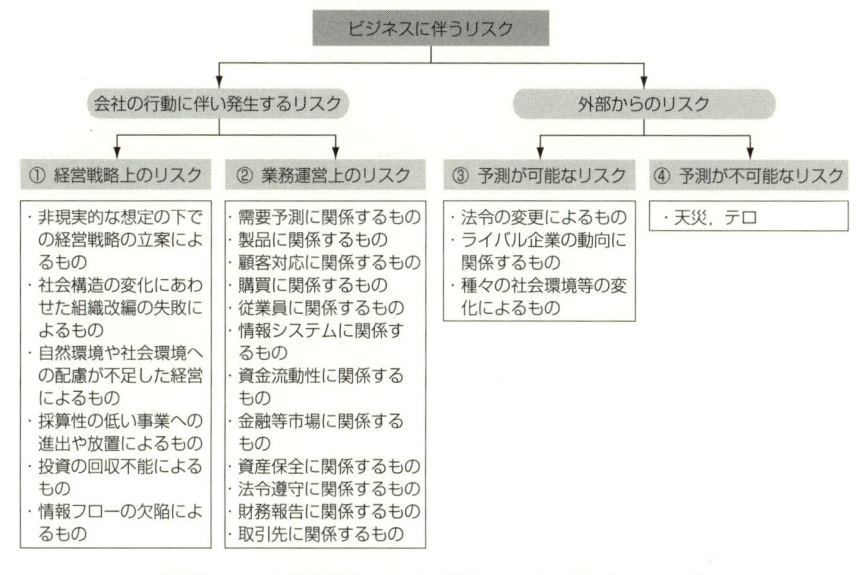

```
                        ビジネスに伴うリスク
            ┌───────────────────┴───────────────────┐
    会社の行動に伴い発生するリスク              外部からのリスク
      ┌─────────┴─────────┐          ┌─────────┴─────────┐
 ① 経営戦略上のリスク  ② 業務運営上のリスク  ③ 予測が可能なリスク  ④ 予測が不可能なリスク
```

① 経営戦略上のリスク	② 業務運営上のリスク	③ 予測が可能なリスク	④ 予測が不可能なリスク
・非現実的な想定の下での経営戦略の立案によるもの ・社会構造の変化にあわせた組織改編の失敗によるもの ・自然環境や社会環境への配慮が不足した経営によるもの ・採算性の低い事業への進出や放置によるもの ・投資の回収不能によるもの ・情報フローの欠陥によるもの	・需要予測に関係するもの ・製品に関係するもの ・顧客対応に関係するもの ・購買に関係するもの ・従業員に関係するもの ・情報システムに関係するもの ・資金流動性に関係するもの ・金融等市場に関係するもの ・資産保全に関係するもの ・法令遵守に関係するもの ・財務報告に関係するもの ・取引先に関係するもの	・法令の変更によるもの ・ライバル企業の動向に関係するもの ・種々の社会環境等の変化によるもの	・天災，テロ

図表 4.1 内部統制システム構築の主な対象リスクの例

第5章　企業文化を基軸とした内部統制

5.1　従業員が形成する企業文化の重要性

5.1.1　環境変化に対応すべき企業文化

　内部統制になぜ取り組むのだろうか．それは，紛れもなく企業不祥事の防止だろう．ある事業部が数百万円の売上げを不正に得たために，企業全体で数百億円のブランド価値損失に苦しむことになる．従業員一人の過ちが取り返しのつかない損失を企業に与えるのだ．それゆえに，内部統制は重要な経営課題となった．しかし，その一方で従業員の気持ちが置き去りにされているのではないだろうか．つまり，仕組みは整ったが，運用していく側の考え方が変わっていなければ，従業員は建前と本音との使い分けを強いられる．それが，さらなる企業不祥事の温床となる．この章では，内部統制を実効あるものにするために不可欠な従業員の視点を論じ，従業員が形成する企業文化の重要性を主張する．

　1990年代半ばから表面化してきた企業不祥事を概観すると，1998年の山一證券自主廃業が一つの分岐点となっている．山一證券自主廃業前は，総会屋への利益供与が主流で，ある特定の部署が企業不祥事対策を請け負っていた．しかし，山一證券自主廃業を契機として，ある特定の部署による隠ぺいが限界となった．つまり，事業活動における陰の部分に関する"火消し"が不可能となったのである．そして，業種業態を問わず企業不祥事が明るみになっている．

　その結果，監督官庁への接待，水増し請求，リコール隠し，検査データ改ざん，産地偽装，虚偽報告など，従来までは組織内の暗黙の了解で済まされてきたことが，社会においては違法行為なのだということに企業人が徐々に気づか

されていった．しかし，各従業員がコンプライアンスを認識しても，日々の事業活動が変わらなければ，組織に抵抗することはできない．特に，長期雇用が根づいている職場では，抵抗することによる代償は計り知れない．個人のモラルと組織の論理との間で苦しむ従業員の増加が，内部告発の急増という現象を生み出している．

日本における企業不祥事の主な原因の一つは，従業員の行動や思考に大きく影響する企業文化や企業風土が，経営環境の変化についていけなかったことだ．戦後の復活からバブル崩壊を経て，企業に関連した法律や制度は大きく変化してきた．そして，企業も監督官庁の行政指導や法制度の改革に忠実に対応してきた．しかし，組織内に根づいている企業文化や企業風土が変わるには時間がかかる．社会の変化に，企業文化や企業風土が追いついていない．つまり，近年，急に日本企業のモラルが低下したのではなく，時代の流れや社会の成熟とともに，世間一般の考え方が変化したのである．従来までは，何の問題もない商慣習が，現在では大問題となるケースが増えた．そうした社会の変化に，組織行動が伴っていない．

そこで次に，企業不祥事の温床となる企業風土について論じる．

5.1.2 内向き体質の企業文化

これまでの日本企業では，家族意識の強い組織が多かったため，従業員の違法行為に対するチェック機能が不十分だった．家族的な信頼感が労使の間に醸成されていたのである．職場内の結びつきの強さによって内向き体質が生じた．経済成長が続いている限りは，一致団結して，全従業員が同じ方向を向いていればよかった．売上げ第一主義における規格型商品の大量生産モデルである．

しかし，そうした組織運営を続けていくと，社会の常識とかけ離れた感覚に陥りやすい．そして，社外との感覚のずれが社会の常識とはかけ離れた判断を誘発する（図表5.1）．これは，食肉産地偽装事件の過程を見れば明らかであり，社内で決められた売上げ数字を達成するためには，社会をだますことに疑

5.1 従業員が形成する企業文化の重要性

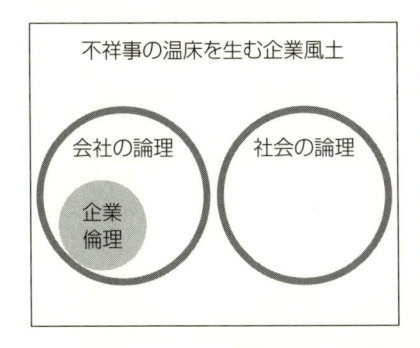

図表 5.1 会社の論理と社会の論理

問を感じない企業風土があったのである．いったいどうしてこのようなことが起こるのだろうか．

　最もはっきりした原因は，組織の和を重視した判断基準を従業員がもつという点にあるだろう．多くの不祥事の場合，従業員は，職場のために不正を繰り返していたわけで，私利私欲に駆られたわけではない．それによって，自分の給与が上がったわけではないということがその証拠として挙げられる．一握りの経営層がおのれの金銭的欲求を満たすために発生したエンロン社，ワールドコム社，タイコ社などの米国で起きた粉飾決算事件とは明確に異なるのだ．

　長年にわたり，培われてきた企業風土が生んだ組織的隠ぺいが悲劇を招くのである．不祥事は，職場の和を重んじたことによって発生している場合が多い．売上げ数字達成への圧力には拒否できない現場の苦悩が全体主義と結びつき，組織的犯罪行為へとつながった．この場合，犯罪者の特定が難しい．というのも，集団主義が生みだした産物だからである．起訴された従業員は，たまたまその時期に担当していただけだという意識があり，被害者意識をもつ従業員も少なくない．

　その根底には，日本企業特有の終身雇用・年功序列型賃金制度がある．社歴が長くなるほど役職は上がり，給料は増えていくものだという常識が大企業で一般化した．ピラミッド構造のヒエラルキーのなかで，心理的にも肉体的にも組織への従属を強いられながら，個人も企業も右肩上がりの経済的成長の継続

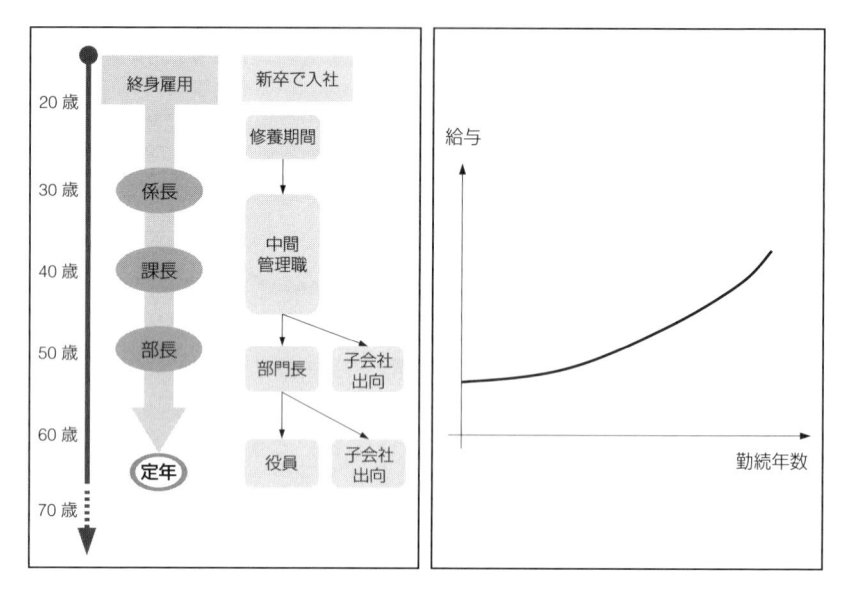

図表 5.2 右肩上がりを前提にした終身雇用・年功序列型賃金制度

こそ，唯一のあるべき姿だという暗黙の了解を作り上げてきた．一つの企業に長く勤めれば勤めるほど，給料が上がるようにすべてが組み立てられてきた．さらに，ほとんどの従業員が管理職を経験する．役員になれない者は，降格することなく，関連会社の役員として天下る．まさに敗者を出さない人事制度なのである（図表5.2）．

5.1.3 倫理の確立に向けて

企業不祥事防止のために，日本企業が取り組んでいるのが社内管理の強化である．元来，終身雇用・年功序列型賃金を前提にした日本企業には，不祥事を誘発する風土が発生しやすい．なぜならば，長期間にわたる利害関係の共有が各従業員に生まれ，馴れ合いが生じるからだ．終身雇用・年功序列型賃金は，短期的な結果にとらわれず，従業員が成長できる環境がある一方で，悪しき平等主義が蔓延しやすい．つまり，失敗をしなければよいという"事なかれ主義"に流れやすい．そのために，隠ぺい体質が生まれる．そこで，従業員を

5.1 従業員が形成する企業文化の重要性

監視するシステムを構築しているわけである．

第1に，多くの企業は企業倫理の確立を掲げ，法令遵守体制を強化している．社内規定を見直し，新たな行動規範を設ける企業も増えた．従来は，法令遵守よりも売上げが重視されていた．明るみにならなければ，少しくらいの法令違反はやむを得ない，という立場の企業が多かったことだろう．社内で法令遵守を主張する者は，売上げノルマ達成をめざす営業職場からの強い批判にさらされる．そのため，コンプライアンス部署の設置によって，全社への監視を強化したのである．

第2に，会社法や金融商品取引法への準備である．上場企業に対して，内部統制の構築を義務づける法律の制定が続いている．金融商品取引法による財務報告に関する内部統制は，2008年4月以降に始まる予定である．それによって，懲役刑も科される可能性がある．長い間，企業性善説に立っていた日本人の企業観は，度重なる企業不祥事を経て，性悪説へと舵を切ったのである．

第3に，情報セキュリティ対策の強化だ．リスク回避のために，社内での情報共有に厳しい制限を設けた．さらに，チェック体制確立のために，情報保護に対して多大なコストと労力をかけるようになった．新技術や新製品などにかかわる情報はもちろん，噂や風説を含む社内情報の漏洩防止に躍起となっている．電子メール，ファックスの使用を制限するだけでなく，ウェブサイト閲覧や電子メール使用の履歴をすべて管理する企業が増えている．

既存の仕組みを変えないまま，企業不祥事を防止するには，徹底的に従業員を監視することが最も手っ取り早い方法である．なぜなら，事業の売買や従業員の大量解雇は日本の風土になじまないため，事業構造や事業領域の抜本的な改革を短期的に実行しづらいからである．そこで，混乱を避けつつ企業不祥事防止に取り組むために，監視の仕組みに着目しているわけなのである．

従来は，法令遵守に対する意識は相対的に低かったことから，こうした取組みが進展することは望ましいことではある．しかし，現場の事業活動と遊離した法令遵守マニュアルを設定し，人事評価や情報システムによる監視体制を強化することが，企業不祥事防止につながるのだろうか．また，法律に対応する

仕組みを導入すれば万全といえるのだろうか．制度や仕組みは前提条件にすぎず，運用する側である企業風土や従業員意識が重要である．近年，雇用は流動化してきたとはいえ，ほとんどの大企業は長期雇用を維持している．依然として，日本の大企業においては，社員の大幅な入れ替えがない．それゆえに，企業文化の変革には長い時間を要する．

現在のビジネスのやり方や従業員施策が時代遅れになっていることは，トップ経営層から現場の従業員まで認識している．不祥事を防止する上で重要な要素とは，従業員の監視強化ではなく，企業文化を変革することではないだろうか．

5.1.4　セルフガバナンスの企業文化

監視の強化は，企業不祥事防止に実効性があるのか．内部統制の仕組みは不可欠であるが，制度を導入して終わりなのではなく，実際の運用がその成否を握る．いわば，制度はハードにすぎず，運用していく組織のあり方や個人の働き方といったソフト面が重要である．つまり，監視の恐怖を与えても機能しない．命令に従わずに従っている振りをすることはできるからである．

疑われていることを前提にすると従業員は猜疑心を強めて，組織を信頼しなくなる．古い例であるが，ヒューレット・パッカード（HP）社創業者のデビッド・パッカードは著書『HPウェイ』のなかで，1930年代末期の"GEでは社員による工具や部品容器の持ち出しを防ぐために警備方針を実施し，社員との関係が悪化した"[*1]として，会社が従業員を信用しないことによる問題点を指摘した．彼は自身の体験から，HP社では常に部品箱や倉庫を開けていたが，重要な点が二つあったという．一つは，従業員が家にいるときや週末に，備品を使って新しいアイデアを試すことができる．もう一つは，倉庫を開けておくという事実が信頼の証だとしている．組織から信頼されていることによって，従業員の自律性が高まるというわけだ．そして，その自律性を活かす上で，

[*1] デービッド・パッカード(1995)：HPウェイ，p.151，日経BP社

5.1 従業員が形成する企業文化の重要性

いつでも取り出しができる部品箱や倉庫が存在する．そうした好循環が生まれる．

パッカードの狙いは，会社が従業員を信頼すれば，従業員は自律的に努力するようになるということだろう．監視は，何も生まないどころか，経営において最も重要な従業員からの信頼喪失を招く．監視されていると分かった瞬間から，従業員は会社からの監視をかいくぐり，自分の損得勘定ばかりに関心が向く．新原浩朗は，企業統治のシステムとして，"監視のガバナンス"と"自発性のガバナンス"を対比している．前者は，"①会社の統治権の売買市場である資本市場による規律と，②株主の代理人としての取締役会による経営者に対する'監視のガバナンス'，及び③報酬による金銭的インセンティブの付与の組み合わせ"としている．一方で，後者は，"①経営者と従業員が'世のため，人のため'という価値観，行動規範（企業文化）をしっかりと共有することによって自己の行動目標と会社の目標が同化すること，②その企業文化に従って経営者や従業員が自らを自己規律する'自発性のガバナンス'の実現，加えて，③その適切な企業文化の企業への定着を担保する'力'として機能する製品・サービス市場における競争の組み合わせ"としている[*2]．

まさに，パッカードの狙いは，新原の主張する"自発性のガバナンス"であり，GEが実施したのは"監視のガバナンス"である．道具箱や倉庫を私的目的に使うのか，自己規律によって自宅にいても，質の高い仕事をしようと考えるのかの違いである．重要なことは，監視ではなく，従業員の働きがいとそれを支える企業文化なのである．

[*2] 新原浩朗(2003)：日本の優秀企業研究，p 251-253，日本経済新聞社

5.2 企業文化が支える働きがい

5.2.1 職場コミュニティの負の側面

　高度成長をもたらした日本型経営システムは，新卒から取り込んで，終身雇用で大事にする．従業員は会社にとっての資産だった．組織内部における人と人との結びつきによって，内部で信頼や協力，結束を生んだ．まさに，"監視"ではなく，"自発性"による協力体制が存在した．その前提が，終身雇用，年功賃金，年功的退職金という社内インフラに対する信頼感だ．それゆえ，転居を伴うような異動でも従い，家庭よりも会社都合を重視するのが当たり前とする風土が生まれた．岩井克人によると，"組織特殊的な人的資産"が日本企業の強さの源泉となったのだという．"組織特殊的な人的資産とは，個々の組織の中でのみ価値をもつ知識や能力のこと"である[3]．従業員は，キャリアの中断を余儀なくされるような異動にも従うため，専門的スキルを培う機会は与えられない．しかし，一般の労働市場で価値の高いある特定の分野の専門性よりも，勤務先企業における特殊な知識・知見を幅広く身につけたほうが組織にとって有為な人材となる．そしてその前提は，企業が従業員に終身雇用を保証することにあった．しかし一度，社外に出てしまうと，彼らの知識や経験はほとんど生かされない場合が多い．それゆえ，途中で終身雇用を放棄すると，大きな精神的かつ経済的なダメージを従業員に与えることになる．

　"組織特殊的な人的資産"を蓄積してきたのに，突然，労働市場に放り出されることには，誰もが大きな不安を抱える．"部長ならできます"という笑い話にもならない悲劇が現実に起きている．実際，ある企業の部長職には，"組織特殊的な人的資産"は不可欠だろう．異なる職場との折衝や，役員会の意思決定メカニズムなど，外部からは分からないような知見が組織運営にとって重要な意味をもつからである．しかし，そういった知見は，他の企業では全く役

---

[3] 岩井克人(2003)：会社はこれからどうなるのか，p.155，平凡社

に立たない場合が多い．そのため，中高年の早期退職制度実施には様々なトラブルが発生するのである．

　要するに，転職の選択肢を奪われた，若しくは，奪われたと思い込んでいる日本の企業人にとって，自分の雇用を守るためには，組織の不正行為は見て見ぬふりをしたほうがよいのである．つまり，組織に不都合なことは，自分にとっても不都合なことになると考えるようになる，また社会的な不正でも，組織の利益となればそちらを優先してしまう．将来における報復を避けるために職場にプラスになるような行動をとるインセンティブが働く．職場のコミュニティを守るためには，一般社会の論理は時には敵対する存在なのである．

　内部告発者は不遇な扱いを定年まで受ける．そのため，異端とならないようにするインセンティブが各従業員に働く．そして，同質化した従業員によって培われた職場独特の規範が社会の論理からかけ離れていく．いつかは明るみになることが分かっていながら，手を染めた食肉産地偽装や自動車リコール隠しは，職場コミュニティを最優先する考え方に由来するものであり，異質性を排除する風土がその根底にあるのである．

　組織の内と外の区別が厳しくなされるようになり，偏狭な人間関係が助長されていく．その結果，マンネリ化による惰性，自社への歪んだ信頼感の醸成などに陥る．歪んだ信頼感の存在が企業不祥事の根幹であり，事なかれ主義に徹し，不祥事を隠すことが職場の和につながる．

5.2.2　職場の監視から従業員の自律性尊重へ

　経営と従業員の関係が，"信頼"ではなく，"監視"の関係になると，事なかれ主義が蔓延し，"前例"，"実績"，"文書"が重視される企業文化が醸成される．すると，従業員は，リスクをとって新たなビジネスチャンスに挑戦しようと考えるよりも，徹底的にリスクを回避するようになる．現在の日本企業の停滞感は，まさにこうした縮み志向からもたらされたものであろう．

　米国人材コンサルティング大手会社のタワーズ・ペリンが 2005 年 8 月に実施した従業員意欲度調査[*4]では，日本の従業員のうち，仕事に対して"非常

に意欲的である"と感じているのは2％と調査対象国のなかで最低だった．さらに，"意欲的でない"という回答も41％と，インドについて2番目に多い回答だった．調査によると他の先進国と比べて"やる気の低下"が顕著である．その理由は，ビジョンなきまま20世紀の成功体験から抜けきれずに，経営を進めている企業文化に問題があるのではないだろうか．そして，長期雇用によって，職場は同質的な集団特性をもつため，多様な意見が反映されなくなり，企業文化は社会の変化とは逆に固定化されていく．それが，リコール隠しなどの組織的隠ぺいを招くという負のスパイラルを描くのだろう．これまでのビジネスのあり方に無理があるにもかかわらず，抜本的な改革をしないまま，売上げ規模の継続，若しくは，右肩上がりを部下に強いる組織のあり方が問われている．

"売上げ達成"は，もはやビジョンにはならない．戦後においては，焼け野原から復興するために，欧米に"追いつき追い越せ"が旗印となった．"所得倍増計画"などがビジョンとなりえた時代である．実際，戦後の焼け野原から這い上がってくる間は，ビジョンは"物質的豊かさ"だけで十分だった．"今日より明日"，"明日より明後日"は間違いなく豊かになれたし，豊かさを実感できた．しかし，現代の成熟社会においては，物質的な満足度を提示するだけでは，ビジョンとはなりえない．

重要なことは，ビジネスのやり方や慣習を改善することである．三本松進は，"組織は成長が止まったときにイノベーションが求められる．しかし，組織への信頼がなければ社員は会社の将来よりも自分の将来を案じる．そして，退出へのインセンティブが働く"[*5]としている．組織にイノベーションを起こさなければ，限界にあるビジネスモデルの延命措置にしかならない．しかし，企業で現実に行われていることは，新たな法律の制定や企業不祥事発生のたびに，社内管理のルールを増やしているだけで，ビジネスモデルの変革には至ってい

[*4] 日経産業新聞"やる気低下は日本特有"，2006年5月29日
[*5] 三本松進（2005）：イノベーションと組織・経営改革，経済産業ジャーナル，2005年7月号，経済産業研究所

ない.

　何事もルールで縛ることが，事故や不正をなくすことにつながるのかは疑問である．ルールは手段にすぎない．しかし，その手段が目的化してしまう危険がある．そして，本質的な事業活動がおろそかになる可能性がある．法令違反撲滅を給与や昇進につなげている企業が多い．これでは，誰も新たな仕事に挑戦しようとしなくなり，内向き志向になる．

　金井壽宏によると，従業員の組織へのコミットメントには，"善玉"と"悪玉"があるとしている．"善玉コミットメント"は，従業員が自社を好きだからこそ勤め続ける．一方，"悪玉コミットメント"は，他社に移ったら損するとか，いまさら転社するのは面倒とか，会社探しにもコストがかかるとか，他社で通用するスキルがないとか，年金がポータブルではない（もっていけない）と考える従業員が抱くものとしている[*6]．

　悪玉コミットメントを抱く従業員が多い職場に，監視のシステムを導入するとどういうことになるのか．従業員同士のしがらみばかりが増え，お互いが監視するようになってしまう．監視することが，職場への忠誠心であるという事態に陥る．それでは，職場の信頼感がネガティブに働かないようにするには，どうすればよいのだろうか．"善玉コミットメント"を感じる従業員を増やす要素とは何だろうか．

　日経リサーチ（2005）の"社会における企業のあり方に関するアンケート"では，"モチベーションをもって働いている"回答者（図表5.3, 5.4）は，"今の会社で働くことに誇りを感じている"という質問に対して，30.3%が"あてはまる"，59.0%が"まああてはまる"と答えている．逆に，"今の会社で働くことに誇りを感じていない"回答者は，"モチベーションをもって働いている"という質問に対して，39.7%が"あてはまらない"，43.8%が"あまりあてはまらない"と答えている．モチベーションをもって働いている人は，自社への誇りを感じている．一方，自社への誇りを感じていない人は，モチベーション

[*6] 金井壽宏(2004)：組織変革のビジョン，p.40, 光文社

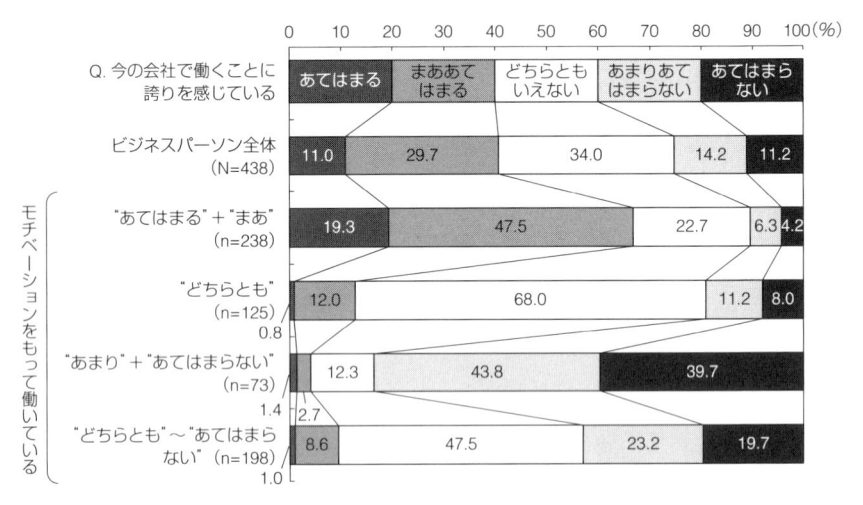

128　第5章　企業文化を基軸とした内部統制

図表 5.3 モチベーションと誇りの関係①

Q. 今の会社で働くことに誇りを感じている

	あてはまる	まああてはまる	どちらともいえない	あまりあてはまらない	あてはまらない
ビジネスパーソン全体（N=438）	11.0	29.7	34.0	14.2	11.2
"あてはまる"＋"まあ"（n=238）	19.3	47.5	22.7	6.3	4.2
"どちらとも"（n=125）	0.8	12.0	68.0	11.2	8.0
"あまり"＋"あてはまらない"（n=73）	1.4	2.7	12.3	43.8	39.7
"どちらとも"〜"あてはまらない"（n=198）	1.0	8.6	47.5	23.2	19.7

（モチベーションをもって働いている）

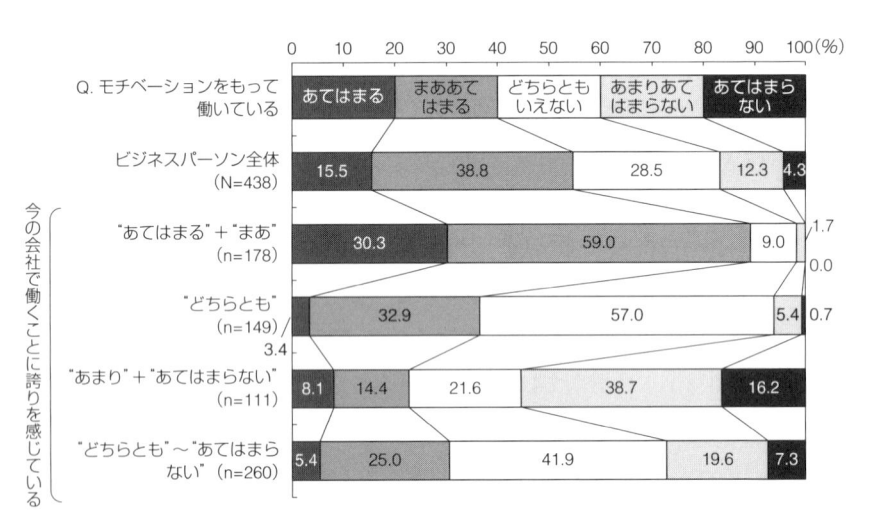

図表 5.4 モチベーションと誇りの関係②

Q. モチベーションをもって働いている

	あてはまる	まああてはまる	どちらともいえない	あまりあてはまらない	あてはまらない
ビジネスパーソン全体（N=438）	15.5	38.8	28.5	12.3	4.3
"あてはまる"＋"まあ"（n=178）	30.3	59.0	9.0	1.7	0.0
"どちらとも"（n=149）	3.4	32.9	57.0	5.4	0.7
"あまり"＋"あてはまらない"（n=111）	8.1	14.4	21.6	38.7	16.2
"どちらとも"〜"あてはまらない"（n=260）	5.4	25.0	41.9	19.6	7.3

（今の会社で働くことに誇りを感じている）

出典：日経リサーチ（2005年12月）"社会における企業のあり方に関するアンケート"，全国のビジネスパーソン男女，438 s，Web 調査

をもてずにいる．この調査は，全国のビジネスパーソン438サンプルを対象に，日経リサーチがウェブサイトを使って実施したものである．

"善玉コミットメント"を増加させるには，従業員が誇りに感じる企業文化を醸成し，モチベーションをもって働ける職場環境を提供することにほかならない．それが監視ガバナンスを打破し，自律性に富んだ従業員を生み出す．

5.2.3 働きがいを醸成する企業文化

ドン・コーエンによると，従業員と会社との間の合意には2種類ある．一つは，給料，諸手当などの文書による契約である．もう一つは，非文書による契約だ．それは，"興味深い仕事があるという約束，認知と昇進に対する期待，協力的な環境，尊敬，プロジェクト機会"の5点だという[*7]．つまり，非文書による契約がどれだけ実現されているかが，良質な社員と企業との信頼関係を育む鍵となる．それでは，非文書による暗黙の契約を履行できる組織の条件とは何だろうか．

日経リサーチ（2006）の"社会における企業のあり方に関するアンケート"をもとにコーエンの指摘する非文書の契約を検証したい．この調査は，全国のビジネスパーソン4 708サンプルを対象にウェブサイトにて実施した．調査のなかで，就業意識や企業文化を表す26設問を設定し，勤務先に感じている誇りとの相関係数を調べた（図表5.5）．コーエンの挙げたに5点のなかで，"認知と昇進に対する期待"，"協力的な環境"，"尊敬"の3項目に該当するものを分類した．なお，"興味深い仕事があるという約束"と"プロジェクト機会"に該当する質問項目は設定していない．ジョブローテーションを基本にする長期雇用の人事制度においては，能動的に職務を選択したり，プロジェクトを立ち上げたりすることが一般的ではない．そのため，3項目に限って分類した．なお，相関係数の平均値を上回った項目を対象とした．

"認知と昇進に対する期待"では，"今の勤務先で自分が成長できることを実

[*7] ドン・コーエン(2001)：人と人のつながりに投資する企業，p.232，ダイヤモンド社

図表 5.5 「今の勤務先で働くことに誇りを感じている」との相関係数

今の勤務先で自分が成長できることを実感できる.	0.678
今の勤務先では社内外で仕事の仲間に恵まれている.	0.598
自分は今の職場で必要とされていると感じる.	0.589
今の勤務先企業は社会から信頼されていると思う.	0.575
今の勤務先には，社外の人に自然と語りたくなるような「社会的な取り組み」がある.	0.506
人事評定結果について，合理的な説明を受けている.	0.496
研修（社内外），講習会，トレーニングなど自らの能力開発につながることに，上司は積極的に参加を後押しする.	0.493
職務権限や人脈に頼ることなく，自らが必要とする情報を組織の中から探すことができる.	0.479
その「社会的な取り組み」は，今の勤務先の多くの社員が認知している.	0.476
今の勤務先は，事故や不祥事が起きにくい風土があると感じられる.	0.457
今の勤務先には，社会的にも注目され誇りに思えるような「先人の実践や英断のエピソード」がある.	0.456
直属の上司だけではなく，必要に応じて他部署のキーマンやマネジメント層とも気軽に相談をしている.	0.442
その「実践や英断のエピソード」は，今の勤務先の多くの社員が認知している.	0.440
今の勤務先の多くの社員が，たとえ社内手続きを踏んでいようと，その責任は常に自分にあると考え，事に当たっている.	0.433
企業の利益追求と社会性は矛盾しない考えである.	0.433
日常的に業務の中で改善に自律的に取り組んでいる.	0.425
今の勤務先で上司以外に，仕事の悩みを相談できる人がいる.	0.410
仕事において，あなたが作成した資料やノウハウを積極的に同僚や会社内に提供している.	0.391
追いかけるものは社会，顧客の満足であり，数字（売上，利益など）はついてくるものである.	0.366
他人任せではなく主体的に会社や仕事のあり方を変えたいと思う.	0.324
ボランティア活動に参加している（積極的に参加したい）.	0.306
会社や仕事に不満を感じても，まず自分を変えることの方が大切だと思う.	0.305
顧客第一主義といっても，両者のバランスが大切であり，黙従することは適切でない.	0.285
人が自分の仕事に誇りを感ずるかどうかは，それがどのような業務内容なのかによって決まってくると思う.	0.218
相関平均	0.411

出典：日経リサーチ（2006年10月）"社会における企業のあり方に関するアンケート"，全国のビジネスパーソン男女，4 708 s，Web調査

5.2 企業文化が支える働きがい

感できる．"，"研修（社内外），講習会，トレーニングなど自らの能力開発につながることに，上司は積極的に参加を後押しする．"，"自分は今の職場で必要とされていると感じる．"といった項目が高い相関を示している．

また，"協力的な環境"では，"今の勤務先では社内外で仕事の仲間に恵まれている．"，"職務権限や人脈に頼ることなく，自らが必要とする情報を組織の中から探すことができる．"，"直属の上司だけではなく，必要に応じて他部署のキーマンやマネジメント層とも気軽に相談をしている．"といった項目が，"尊敬"では，"今の勤務先企業は社会から信頼されていると思う．"，"今の勤務先には，社外の人に自然と語りたくなるような「社会的な取り組み」がある．"，"今の勤務先には，社外の人に自然と語りたくなるような「社会的な取り組み」があり，今の勤務先の多くの社員が認知している．"，"今の勤務先には，社会的にも注目され誇りに思えるような「先人の実践や英断のエピソード」がある．"などの項目との相関係数が高い．また，コーエンの分類には該当しないが，公平性という観点から"人事評定結果について，合理的な説明を受けている．"が平均を上回った．

これまで挙げた項目と同様に，平均を上回ったのが，"今の勤務先は，事故や不祥事が起きにくい風土があると感じられる．"という意識だ．"今の勤務先で働くことに誇りを感じている．"という意識をもつ人々は，不祥事が起きにくい職場だと感じている．

"今の勤務先で働くことに誇りを感じている．"という意識をもつ人々の多い職場は，不祥事が起きにくいと仮定すると，上記の項目と同じ意識がもてる企業風土こそが，内部統制を機能させる要素だといえる．しかしながら，"今の勤務先は，事故や不祥事が起きにくい風土があると感じられる．"を評価する項目は，相関は高いものの，実際に不祥事が起きた企業と起きていない企業で従業員調査結果を比較しているわけではないので，説得力は弱い．ただし，"今の勤務先で働くことに誇りを感じている．"との相関が高い点は，透明性や公平性を従業員が実感することが"誇り"には大切である，ということを示しており，間接的に未然防止にはつながるといえる．次節では，実際のケースス

タディから，企業文化と企業不祥事発生の関連を論じる．

5.2.4　事例研究――資生堂とカネボウ

　ここでは，資生堂とカネボウの化粧品企業を挙げ，これまで見てきたような企業不祥事と従業員意識の関係を実際の企業事例によって検証してみよう．同業界にありながら異なる道をたどった両社を比較する．

　資生堂とカネボウの違いを決定づけているのは，企業文化である．従業員が自主性を発揮し，やる気や働きがいをもてる企業文化があるか否かで，経営のあり方が大きく左右される．これまで述べてきた企業不祥事と従業員の働きがいの関係をこの 2 社の企業事例にあてはめてみたい．

　資生堂は "共存共栄主義"，"消費者主義"，"品質本位主義"，"徳義尊重主義"，"堅実主義" の五つを標榜している．一方のカネボウでも同様なヒューマニズムに満ちた経営理念をうたっている．それは，"愛と正義の人道主義"，"科学的合理主義"，"社会・国家への奉仕" の三つである．それでは，この両社の企業文化を分けた要因はなにか．

　資生堂は，1990 年代中ごろに公正取引委員会による排除勧告を受けた後，押し込み販売による無理な営業姿勢を改めた．そして，前社長の池田守男が就任とともに，サーバントリーダーシップを標榜した（図表 5.6）．社長就任時に，"社長は全社員の要になる．社長になることは，全社員を支えることができる喜びだ" と語り，逆ピラミッド型の組織を徹底させた[*8]．逆ピラミッドとは，顧客に店頭で接する美容部員（ビューティコンサルタント）が上にいて，その下に支社がいる．そして，支社を本社の事業部門が支える．一番下で社長が支える．これは，従来のヒエラルキーによる上意下達型ではない組織構造である．

　美容部員を頂点とするサーバントリーダーシップによって，顧客との接点である美容部員の人事評価において，重視する項目を変更した．"売上げ" の

[*8] 日本経済新聞夕刊 "感謝と奉仕を胸に"，2005 年 2 月 18 日

5.2 企業文化が支える働きがい

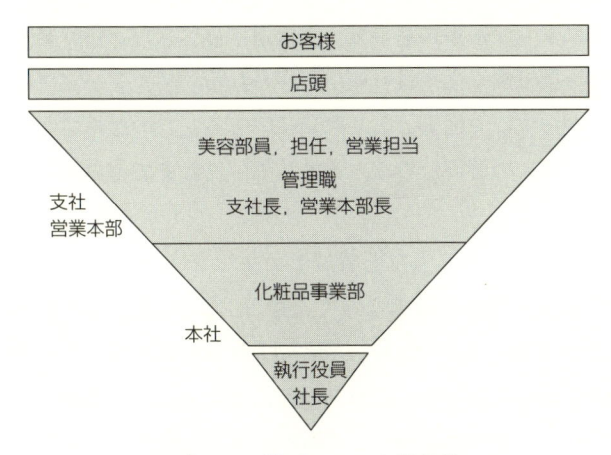

```
┌─────────────────────────┐
│        お客様            │
├─────────────────────────┤
│         店頭             │
└─────────────────────────┘
   ╲  美容部員，担任，営業担当  ╱
    ╲       管理職         ╱
     ╲  支社長，営業本部長    ╱
支社   ╲                  ╱
営業本部 ╲                ╱
       ╲   化粧品事業部   ╱
        ╲              ╱
    本社  ╲  執行役員  ╱
          ╲  社長   ╱
           ╲──────╱
```

図表 5.6　逆ピラミッド型組織

出典：2006 年 6 月 5 日　JARO 第 32 回通常総会
　　　資生堂取締役会長　池田守男氏講演資料
　　　"サーバントリーダーシップと企業の社会的責任"

占める割合を極端に下げたのである．背景として，化粧品売り場のカウンターで高い化粧品を買わされたという感覚をもつ顧客が増えていたことがある．それは，美容部員の評価が，"顧客満足"よりも"収益"が重視されていたからではないかと考えたのである．最も重要なことは，こうした意識改革を受け入れる企業風土があったということだ．

資生堂とは反対にカネボウは，売上げ至上主義を続けていた．カネボウは，バブル崩壊後に絞り込みによる事業領域の再構築が不可欠だったにもかかわらず，労働組合とのしがらみを捨て去ることができなかった．カネボウは労働組合が強い．労働組合は，組合員の雇用確保がカネボウのヒューマニズムだと主張した．事実，労働組合は経営側との協調によって 1960 年代以降の事業拡大を支えてきた．新規事業に参入する際には，労働組合の協力を得て，人員の配置換えを支障なく実施してきた．つまり，カネボウの成功は労働組合の協力なしには成り立たなかったともいえる．

しかし，バブル崩壊後の低成長時代にあっては，労働組合に配慮した経営が足かせとなった．組合員の雇用を守るために，架空の売上げを計上することに

なった．それによって，不採算事業から撤退するべきだという経営判断が妨げられ，不採算事業で働く従業員の雇用が守られる．メインバンクは，不採算事業の内実が分からずに，従来どおり融資に応じる．この悪循環が従業員の精神を蝕（むしば）んでいった最大の要因だろう．その結果，これまでの成功体験がすべて裏目に出たのである．

まず第1に，大量生産・大量消費型モデルを支えるマス広告の大量投下によるイメージ戦略が機能しなくなった．第2に，家族主義的人事制度によって無責任体質が蔓延した．第3に，売上げ至上主義の呪縛から逃れられず，不正が横行するようになった．この三つの要素はお互いに関連しあって，悪循環をもたらした．つまり，イメージに頼るために，顧客ニーズを考慮しなくなる．そして，業績悪化の原因を追究しないため，失敗が活かされない．さらに，商品が悪くても，取引先に押し込み販売をして，架空の売上げ数字を計上する．それによって，売れていると錯覚して，イメージ戦略を強化する．そして，誰も責任を取らなくて済む．また，押し込み販売を続ける．こうした負のスパイラルに陥った．

資生堂は企業文化が職場にイノベーションを起こし，カネボウは企業文化が不祥事を誘発した典型的な事例である．両社ともに，従業員の尊重を標榜している．しかし，資生堂が個人の働きがいや顧客満足度を追求していったのに対し，カネボウは雇用の確保という視点から従業員の幸福を追求してしまった．企業文化が，職場の改善を促しもすれば，粉飾決算を誘引することもあるのである．

5.3 めざす企業文化の醸成

5.3.1 経営戦略と企業文化

ここで，企業文化の定義と企業活動上での役割を振り返ってみたい．経営理念や経営哲学のもとに，企業目標を達成する手段としての経営戦略と，組織を

融合する手段としての企業文化がある．組織的な観点からは，経営戦略上で組み立てられる営業・製造・管理などの職能や製品別事業部などの機能的組織と，企業文化によって育成される有機的組織に区分される．本来，この機能的組織と有機的組織の概念は経営理念のもとで相互補完関係を保ちながら企業経営が運営される．

企業文化とは，企業の構成員によって内面的に共有された，価値観・行動規範・信念である．そして，エドガー・H・シャイン（E.H. Shein）は，文化のレベルを三つのレベルに分解して説明した．

レベル1は，人工物としての文化であり，可視化されている組織や作業手順である．このレベルでは経営戦略で区分された機能的組織や手順との相違点は見いだせないが，人工物としての文化は経営戦略との融合的結合の重要な接点である．

具体的には，人事評価制度やITによる業務システムやプロセスである．内部統制の観点からは，コンプライアンス委員会や内部監査部の設置などがこれにあたる．しかしながら，この外面的なレベルでは文化の真髄を理解することは非常に難しい．表面的なプロセスが同じでも，根底にある価値観が異なれば，運営方法や導き出される結論に大きな相違が生まれるのである．米国企業が成果主義で社員の活性化に成功した例を見て，本来の企業文化の再構築を行わずに人事評価制度だけを変更して失敗した日本企業が多いのは，このレベル1の事象しか検討対象にしてなかったための帰結であると考えられる．

レベル2は，日常の行動を決定づける共通の価値観である．この価値観は，標語として示すこともできるし，閉鎖的な企業では言葉として表現されない場合もある．移民を中心とした多民族国家である米国にその基盤を置く企業では，価値観の統一を図るために言葉で表現している企業が多い．

ジョンソン・エンド・ジョンソン社は，いわゆるタイレノール事件でその企業価値観の重要性と意味を内外へ示した．これは自社製品（タイレノール）への毒物混入事件で，財務的指標よりも顧客の生命の安全を最優先事項とし，多額の費用を投入して販売店からの全製品の引き上げとテレビコマーシャルで自

社製品の返品や廃棄を訴えた．この企業行動の根底となったのが"わが信条（Our Credo）"として規定された価値観であった．一方，島国で，言語的，民族的に単一国家である日本の場合は，価値観を言語化して社員で共有している例は少なく，行動の規範として暗黙的に意識されて行動が行われることが多い．

　レベル3は，企業の構成員自身も意識することない感情・信念・思考であり，過去の経験から組み立てられ，企業の構成員によって受け入れられた基本的仮定である．この基本的仮定は，言語化されるのはまれで，外部からは非常に理解しにくい．

　このレベル3の文化は，企業戦略と同一化されるべきレベル1の人工物とレベル2の価値観の根底になっているものであり，このレベルを無視した企業戦略は決して機能しない．創業者の理念がそのままレベル3の基本的仮定となっている場合が多く，その仮定を理解するのに新興企業やオーナー経営者の存在する企業では直接聞き出すことも可能ではあるが，長い歴史のある企業では内部に入りこんで行動を観察して感受する以外に方法はない．また，一度つくりあげられたレベル3での基本的仮定は，企業戦略や企業価値まで支配することになるので，行動修正機能をもつと考えられる．

　これらの文化レベルは相互に関連づけられて変化し，より強い文化基盤が醸成されていく．この過程のなかで文化の変革を行うときは，変革に対して強い意志をもって実行しなければ文化の変革は達成できない．

5.3.2　めざすべき企業文化とは

　企業文化が，企業行動を動かし，経営戦略のあるべき方向性まで支配しているのであれば，なぜその企業文化は企業不祥事を阻止することができなかったのであろうか．事実は，阻止できなかったのではなく，誘引してしまったのである．企業不祥事を犯してしまった企業では，レベル3の可視化できない企業文化として"職場の和"を重んじて"個人への責任回避"があったことが知られている．

5.3 めざす企業文化の醸成

　企業の製品利用者に危害が及んでも，その組織を守ることが最優先の行動であるという基本的仮説が存在し，その価値観はすべての企業構成員に共有されていた．たとえ，ある個人が法律に抵触する判断を行ったとしても，組織を守るという旗印のもとでは，その個人への社内的罰則は行われないか，軽微であるという認識も共有されていた．

　この状況下で，声を上げて法律遵守を唱えることは，組織内での存在を否定され，終身雇用の日本文化のなかでは生きていく術すらも放棄する決断を強いられる．したがって，内部統制の構築には，三つのレベルすべてを包括する適切な企業文化の構築が必要なのである．

　不祥事を起こした企業やそれを契機にコンプライアンス経営に取り組んでいる企業が陥る一番大きな間違いは，レベル1の人工物での文化の修正だけ行い，レベル2や3には全く手をつけないことである．

　最も重要な企業文化がレベル3であり，基本的仮定は，人工的に構築された組織やプロセスを簡単に修正してしまう力をもっていることを軽視してはならない．したがって，めざすべき企業文化とは，経営者，管理職，従業員，そしてパートタイマーなどの企業構成員全員が共有する企業価値のなかに，"企業の社会的責任"の実現が最優先項目として盛り込まれていることである．そして，この価値観は正しく共有していくために，言語化して繰り返し伝達されるべきものである．さらには，日々の無意識の行動を支配するまで浸透させる必要がある．文化の内容については，日本企業の典型的な文化概念である"過度の職場の和重視"が不適切で，時代錯誤であることを盛り込む必要がある．

　企業の存在価値は巨大化し，グローバル企業では国家がカバーする範囲よりも広い分野での規則をカバーしなければならなくなっている．したがって，企業の反社会的行為はその企業そのものの存続を危うくし，最終的には"職場の和"すら達成できなくなることを認識しなければならない．

　次に，米国型不祥事の典型である経営者や従業員の私利私欲に起因する不祥事への対応も無視できない．ライブドア事件などで明らかなように，日本でも経営者の私利私欲による不祥事が上場企業においても発生している．違法行為

の防止だけでは不十分で，さらに，常識的な尺度からも"模範的な姿勢"や"誠実性"を文化のなかに盛りこむ必要がある．法律で規制されていなくても，環境への配慮，高齢化社会への対応，差別の撤廃などのCSR経営の導入に対して誠実に取り組むべきである．

めざすべき企業文化は，法令は最低限の守るべき指針として捉え，さらに尊敬される人間としてのしかるべき行動を，企業やその経営者・従業員にも求めていることを明確にした企業文化の構築をめざすべきである．

5.3.3 知的資産としての企業文化

2004年にOECD（経済開発協力機構）加盟各国は，"知的資産"が経済的に大きな影響を与えることを認識して，知的資産指標や評価手法の提言を各国行政当局の立場から行うことを決定した．

産業研究所が2005年3月に発表した"知的資産の創造・活用に関する調査研究"では，企業価値は"知的資本"，"物的資本"，"金銭資本"の三つに区分された．旧来の企業価値は"物的資本"，"金銭資本"で構成されていたが，この新しい概念は，無形資本としての"知的資本"に注目が集まり始めていることを示している．この"知的資本"はさらに，①経営者・従業員の能力，スキル，価値観などの人的資産，②知的財産，企業風土，業務プロセスなどの組織資産，③企業の外部の経営資源であるパートナー資産，そして，④顧客との関係性やブランド価値を包括した顧客資産に区分されている．

米国でのエンロン事件以降の動きは，SOX法などのように財務諸表の信憑性の追究に傾斜している．一方，欧州や日本では，財務指標の結果に偏りすぎる経営に嫌気して，財務指標では測定できない企業の価値に焦点を移し，無形の知的資本を効果的に高めることによって，企業価値の向上をめざす"知的資本経営"を重視し始めている．この動きのなかで，めざすべき企業文化の構築はその中心的役割を担っており，企業価値の向上とも明確な関係をもつようになってきている．さらに，この知的資本の評価方法が確立されれば，企業文化や共有されている価値観とその浸透度は可視化される方向にある．

5.3.4 事例研究——グローバル企業

　米国には，企業文化を軸として内部統制を推進してきている代表的企業が多い．その根底にあるのは企業の成り立ちであり，この仕組みは，多民族で構成されるメンバー間で価値観の共有を図る必要性から発展したものである．さらに，米国の企業は，20世紀初頭に金融集団に経営権を握られ，国家が中心となって企業支配と企業経営の明確な区分を推進してきたことから，広く情報の共有化が図られてきたため，外部からの社会的監視力も高いという背景もある．

　ここでは，代表的な企業であるジョンソン・エンド・ジョンソン（J&J）社とゼネラル・エレクトリック（GE）社を取り上げる．

　J&J社では，レベル2の価値観を"わが信条（Our Credo）"として規定し，前述のタイレノール事件で触れたように重要な経営判断の価値基準になっている．J&J社では，この"わが信条（Our Credo）"を世界中の全社員に対し浸透度合いを確認するプロセスを毎年遂行している．このプロセスのなかで，十分に浸透していないと判定された項目については追加のアクションが取られ，世界中の同社社員が同じ価値観で行動することを徹底している．さらに，この"わが信条"の内容は，J&J社のウェブサイトで60か国以上の国・地域に公開して，企業のあらゆるステークホルダーとの共有と，外部からの管理・監督を取り付ける努力を行っているのである．この継続的な活動が，企業の価値観をメンバー自身も意識することない感情・信念・思考のレベルにまで浸透させる重要な役割を果たしている．

　また，GE社では，全世界での従業員が取るべき価値観を"GEバリュー"として定めて，GEバリューが印刷されたカードを絶えず携帯することを求めている．GE社では，360度評価と呼ばれる上司だけでなく同僚・部下からもこの価値観の実行度合いが評価される手法があり，人事評価の基準のなかにも盛り込んで価値観を共有する努力を行っている．人事評価では，業績評価よりもGEバリュー評価に一層重点を置き，この価値観を共有しなければ昇進・昇格の可能性を低くし，価値観の徹底的な浸透を図っている．

5.4 企業文化と社会との共鳴

5.4.1 企業活動と社会（ステークホルダー）とのかかわり

　企業活動と社会のかかわりは，時代の変化とともに変化してきた．企業の活動範囲が国家よりも小さい特定地域内にとどまり，役割も細分化されていた時代には，企業は社会の多くの構成要素の一つにすぎなかったので，社会との関係は問題なく，是正も自動的に行われていた．

　しかし，企業の巨大化とグローバル化によって，その存在意義が大きく変遷した．第2次世界大戦後に国家支配からの独立を余儀なくされた企業は，競争に勝つための企業努力を推進していくなかで，独自の企業文化を構築していった．その過程のなかでは，日本で育まれた"社会としての文化"と，企業で構築された"企業文化"の融合は自然と調和が取られているに違いないことを前提としていた．それは，日本の文化である"阿吽の呼吸"の概念が根底にあったと考えられる．しかし実際には，その調整機能をもたないまま進化していったのである．

　一方で，第2次世界大戦後に天皇の人間宣言により宗教的拠り所を失った日本人は，その精神的拠り所を職場や企業へシフトしていった．特に，国外企業との競争が国内外で激化していく1960年代以降の高度成長期に，企業の人材獲得戦略と従業員の会社への忠誠は，両者の思惑のまま重なり合って雇用制度を中心とした新しい企業文化や価値観を創設していった．

　本来，社会の文化が企業文化を支配していた構図が，国際競争のもとで巨大化した企業の文化が社会へ大きな影響を与えるようになり，文化の自動是正装置は機能不全に陥った．国家を超えた企業活動での競争となっている状態では，国家にその是正機能をもたせるのは不可能であり，企業側に社会の文化との融和機能をもたせる必要がある．優秀な企業のなかには，自発的にその機能を社内へ取り込んだ企業があるものの，企業のなかには独自の価値判断だけを優先して，企業文化を社会からは受け入れられない形へと変質させてしまった企業

5.4 企業文化と社会との共鳴

もある．このような問題を引き起こす具体的な価値観としては，"社会での常識や時には法令違反を犯してでも，短期的な企業の評判や業績を落とさないこと"を最重要項目として推進する点が挙げられる．

ここで企業がまず自覚しなければならないことは，活動範囲と影響力が急速に拡大したことであり，企業がかかわる関係者（ステークホルダー）にも大変な広がりを見せていることである．人材育成や戦力の点からは，現在の従業員だけでなく潜在的従業員も含まれる．活動範囲では日本のすべての地域を超えて，国外の地域社会にまで拡大している．そして，全く関係がないように思われる人たちも，不祥事のときには非難を徹底的に浴びせかけることもあるので，考慮すべきステークホルダーの一員といえる．

したがって，かなり多くの関係者とのかかわりに注力しなければならない．また，インターネットの普及によって，情報の送受信のスピードと量は驚異的に発展した．企業がもつ文化や価値観をすべてのステークホルダーの考え方と擦り合わせて，他者からは受け入れられない企業文化や価値観の修正を恒常的かつ適時に実行する機能は，企業経営上において重要な経営メカニズムになってきている．

"知的資産経営"へのシフトでも明らかなように，企業価値の判定は短期的な財務評価から，長期的かつ多様な評価へシフトしてきている．事実隠ぺいなどの企業不祥事は，短期的にはそれなりの取り繕いが可能でも，長期的には大きなマイナスとなる．したがって，長期的な視点に立って多様なステークホルダーとの文化や価値観の擦り合わせが必要である．

5.4.2 企業文化と社会との共鳴をめざす取組み

企業文化が社会から受け入れられるだけでなく，共鳴を引き出すためには，法令遵守を超えた，より高尚な企業文化と価値観が必要である．現在の企業文化や価値観が社会に反する文化であったり，また，価値観が社会と共鳴する域に達していない場合には，企業文化変革を遂行しなければならない．しかし，コンプライアンス違反，財務業績の大幅な悪化や倒産，その他無視できないク

ライシスなどが発生しない限り，企業が新しい価値観を無作為に受け入れることは困難を極める．その理由には様々な要素が考えられるが，その企業での経験が長い人にとっては自分たちの経験そのものであったり，創業者の教えと考えられてきた場合であったり，苦難に対する精神的な支えであったりするためである．

このような状況で，企業文化の変革を推進することは，たとえ価値観の小さな変更であっても大きな挑戦である．したがって，一番初めに行うことは，変化を推進する価値観の注入である．企業存続の危機に直面した機会をもっていない企業では，外部の手助けが必要となる．外部コンサルタントや外部から経営陣の招聘もその手段であるが，その手法そのものが文化的拒否反応を引き出す要素なので，経験豊富で人間的に信頼できる人材を充てる必要がある．

次に，組織全体に心理的安心感を醸し出す必要がある．それには，長期的で明確なビジョンの設定とコミュニケーション，訓練とコーチングによる指導などを繰り返し行い，組織全体への浸透を徹底的に行う必要がある．

企業文化を組み立て直す準備ができて，次に行わなければならないことは，社会で共有されている価値観との共鳴作業である．企業文化を変革する体制が整っても，新しい別の閉鎖的文化へ移行しては，変革は全く意味をもたない．

多くのステークホルダーと共鳴するためには，数多くの仕組みが必要になる．すでにいくつかの企業で行われているのは，顧客とのコミュニケーションである．これは，財務業績にも影響する項目なので経営陣からも受け入れられやすい項目だが，顧客満足度の結果で予想外の結果が出るのは珍しいことではない．

また，財務の視点からの取組みとしては，IR（インベスターリレーションズ）がある．株式持合いなどで株主に対する説明責任を追及され，さらに，総会屋などの古き悪しき慣習からIRを敬遠する経営者もいるが，長期投資対象を考えている投資家の意見は，社会との共鳴を作り出すための貴重な材料である．

また，サプライチェーンのなかでの社会的責任を遂行するために，取引先ア

5.4 企業文化と社会との共鳴

ンケートを実施して関係改善に結びつけている企業も増えてきている．従業員満足度は，最も身近で切実な意見が聞けて，社会との最も大きな接点でもある．CSR報告書作成の過程で，ステークホルダーミーティングを開催して広く社会からの意見を取り入れ共鳴を図ることも，大切な取組みとして評価が高まってきている．これらの例はただ一端を示しているだけで，社会との共鳴を図るためには，多くのアンテナを張り巡らし，様々な外部からの意見を吸い上げる努力を継続的に行う必要がある．社会と共鳴する企業文化や価値観を創造し，それに基づいた企業経営を行い，さらに，社会の変化に応じて企業文化を変化できる仕組みができて，初めて内部統制を機能的に動かせる企業経営体制を整えることができる．

第6章　社会に信頼される企業経営

6.1　社会と企業の変化

6.1.1　社会の変化

　時代とともに社会が企業を見る目，企業に要求するものが変化してきている．かつて企業とは，社会・消費者が求める製品やサービスを提供，又は出資者（株主）のため，利益追求のために製品やサービスを提供するものとして活動していた．その後，利益追求から維持・存続型，ゴーイングコンサーン（永続企業体）を求め大規模化した大企業が誕生した．

　斎藤槙は，企業が果たすべき責任と企業の社会的責任について，次のように述べている．

　"従来，企業が果たすべき責任とされてきたことには，次のようなものがあった．

①　消費者に対しては，品質の良い製品を安く提供する．
②　従業員に対しては，安定した十分な給与を支払う．
③　株主に対しては，利益を上げ，確実に分配する．
④　国と地域に対しては，税金を納め，雇用の機会を創出する．

これらはいずれも，経済的側面にかかわるものだ．"[1]

　近年までは企業は利益確保が重要な優先課題であり，特に高度成長時代は利益至上主義の時代であった．利益追求のため，企業は環境汚染や地域住民への影響などに目を向けることを怠っていた．ところが，1970年代以降起きた公

---

[1] 斎藤槙(2004)：社会起業家―社会責任ビジネスの新しい潮流―，pp.56-57，岩波書店

害，環境汚染や環境破壊などによって，企業が単に自社の利益のみを追求することでその存在意義を果たす時代は終わり，企業の社会的責任が問われるのが常識となる時代となった．

今日，企業の社会的責任とひと言でいっても，幅が広く，多くのものが含まれる．とはいえ，ある程度の共通認識が形成されており，それは，次のような点に集約される．

"① 人々の健康や安全を保障する．
② 社会の改善や生活の向上に貢献する．
③ 環境保全に努める．
④ 不正を行わず，情報を開示する．
⑤ 差別のない安全・衛生的な労働環境を提供する．" [*2]

現代社会は，企業に対してただ単に製品やサービスを提供するだけでなく，それ以上の貢献（社会的責任）を求めてきている．そのため，企業では本来の製品やサービスを提供するだけの企業活動ではなく，コンプライアンス，環境問題，企業統治，企業倫理，企業市民，社会貢献活動などにも経営資源を投入し，常に社会というステークホルダーからの要請に応えるように企業活動を進めていかなければならない時代となってきている．

6.1.2 市民の声

これまで社会，とりわけ市民は，企業に対して目に見える事柄，例えば，工場から排出される汚水や煙，職場の労働環境などに対して疑問を抱き，行動してきた．しかし，今日では市民の次のような素朴な疑問が，立派な"市民の声"となる．

"① 食卓に載っている食べものに，いったいどんな農薬が使われているのか．遺伝子組み換え食品は使われていないのだろうか．成長ホルモン剤は使われていないのだろうか．

[*2] 斎藤(2004)：前出, pp.57-58

② 過剰包装の包装紙は，どこの森の木で作られているのだろうか．
③ 家電製品をゴミとして出すと，その後はどうなるのだろうか．リサイクルされるのだろうか．
④ 毎日着ているTシャツやジーンズは，どこのどんな工場で作られているのだろうか．低賃金・長時間労働が行われているのだろうか．
⑤ 銀行に預けているお金が，不正企業への投資や融資に使われていないだろうか．
⑥ テレビや新聞で報道されていることは，すべて本当だろうか．会社や政府に都合が悪いことも，伝えられているだろうか．広告の内容に偽りや誇大表現はないだろうか．

このように，市民が自分よりもはるかに大きな組織に対して，説明責任や透明性を要求する時代になってきているのである．" [3]

6.1.3 社会の意思表示
(1) 不買運動

企業の行動に不満を唱える意思表示の行動パターンの一つに，不買運動がある．この消費者が行う不買運動が大きな力をもっている．これは，1990年代に行われたナイキの不買運動を見ると明らかである．

1990年代，インドネシアやベトナム等，東南アジアの生産委託先工場における強制労働，児童労働，低賃金労働，長時間労働，セクシャルハラスメントの問題が露呈した．インターネットを通じてナイキに対する反対キャンペーンが繰り広げられ，不買運動や学生デモに発展した．たちまち世界に飛び火した不買運動は，長期化して，ナイキの売上高は減少した．やがて業績にも影響が出て，同社は，工場の労働環境改善に乗り出し，盛んなPR活動も展開し，最終的には厳格な倫理規定を制定して，人権に配慮する会社という評価を得るまでに企業イメージを回復させた．

---

[3] 斎藤(2004)：前出，pp.63-64

このような経緯から，メーカは，品質や価格だけでなく，サプライヤーにおける労働環境についての説明責任も求められるようになっている．

消費者は，たとえ安く，良い製品でも，法的，倫理的に問題があって製造された製品など求めてはいないのである．

(2) 社会の声の力

多くの企業では法令遵守を積極的に行っている．多くの人々は，経営者が自ら指示して不正を働かせ事業を行うとは考えていない．しかし，東横インホテルはこれを行っていた．

2006年1月，東急インの新築ホテルで建築確認申請の確認検査終了後，"ハートビル法"[*4]，市条例及び建築基準法に違反する改造工事や無許可工事を勝手に行い，全国各地で相次いで発見された．社長は記者会見で，検査直後に無許可改造や二重図面によって検査をごまかすなどの違法改造を自ら指示したことを認め，さらに，"障害者客室を作っても，年に一人か二人しか泊まりに来ない．一般の人には使い勝手が悪い．結局，倉庫やロッカー室みたいになっているのが現実"，"制限速度60kmのところを65kmで走ったようなもの"という発言を笑いながら行い，テレビでも放映された．この社長の記者会見時の言動や一連の法令違反について，日本身体障害者団体連合会が抗議したのを始め，多くのマスコミや市民が同ホテルと社長を批判した．この事件発覚後，今後の開業を予定していたホテル用物件のオーナーから，契約を取り消す動きがあった．

同年5月，東横インは委員会設置会社に組織変更を行い，社長は業務執行権のない取締役会会長に退いた．[*5]

このように，法令違反を自らの意思で行い，発覚しても悪びれる様子でもなく，"たいしたことはない"と笑いながら記者会見を行う経営者は"反社会的な企業"，"存在する価値のない企業"と批判されても仕方ない．

[*4] 高齢者・障害者が円滑に利用できる特定建築物の建築促進に関する法律
[*5] 朝日新聞，2006年1月17日朝刊・夕刊，1月18日朝刊・夕刊

(3) 株主の行動

　株主も，企業の不正な行動に対して，株主代表訴訟を起こすことが珍しくなくなってきている．また，司法も近年の社会の動きに対応するかのような判決が出されるようになった．その象徴とされる事件として大和銀行株主代表訴訟の大阪地裁判決がある．

　1984年から11年間，大和銀行の米国ニューヨーク支店で働く行員が米国債の違法な取引を行い，同行に約11億ドルの損失を与えた事件である．この事件に対し株主は二つの訴訟を起こし，それぞれの訴訟に対して画期的な判決が出された．

　一つ目の訴訟では，行員が不正行為を防止するためのリスク管理を怠ったため，行員の違法取引を阻止できなかったとして，取締役及び監査役を被告として，同行が被った約11億ドルの損害賠償を求めて株主代表訴訟を起こした．これに対し，判決は，たとえ行員の違法行為を知らなかったとはいえ，取締役の責任を認めて5億3000万ドルの損害賠償を命じた．これは，部下がやったから知らなかったという弁明は通用しないという先例となった．

　この事件後，同行の取締役などが上記の約11億ドルの損害発生を2か月間米国当局に報告しなかったため，米国当局から罰金3億5000万ドルが科せられた．二つ目の訴訟は，本来，速やかに米国当局へ損害発生を報告していれば発生しなかったはずの罰金相当額3億5000万ドルの損害賠償を求めて起こされた代表訴訟である．これに対し判決は，取締役11名に対して一人当たり7億7500万ドルから7000万ドルの損害賠償を命じた．これは，取締役にとって法令遵守は最重要事項であると断定したものである．

　かつて，株主はおとなしい存在であった．しかし最近の株主は意見を言い，行動に出る株主が多くなってきている．企業の行動は，顧客をはじめ株主まですべてのステークホルダーから監視・評価され続けている．

(4) 社会的責任投資

　日本での社会的責任投資（SRI: Socially Responsible Investment）は，1990年代の終わりに環境活動に力を入れている企業を投資対象に選んだもの

から始まったとされるが，最近は環境だけではなく，より幅広い意味での社会貢献企業を対象にした大手運用会社の SRI ファンドが販売されるようになってきている．

社会的責任投資とは，利益には直結しないが環境保護，障害者雇用，地域社会活動など社会貢献的活動を積極的に行っている企業に対し，企業への株式投資の際に，財務的分析に加えて，企業の社会的責任の評価を加味して投資先企業を決定する投資手法である．

企業が SRI の投資先のリストに登録されるということは，その企業は社会的責任を果たしている企業と評価されているということである．そしてこの企業を優良企業として認める風潮が一般的となりつつある．

6.1.4 社会の求めているもの

これまでの事例でいえることは，社会は企業の活動を見て，評価し，行動を起こす．また，企業活動に不正があるときには不買運動や株主代表訴訟等を起こし，不正を許さない．一方で，賛同する場合には投資を行い，活動の応援をする．

しかし，企業が不祥事を行ったからといって，社会がすべての不祥事を起こした企業を非難し，行動を起こすわけではない．最近の例では，松下電器産業の FF 式石油温風機の事故対応がある．この対応に対して松下電器産業はできる限りの対応を 2005 年から行っており，今シーズンも続けて行っている．事故を起こしたことについて責められることは避けられないが，その後の対応への姿勢は多くの企業が見習うべきものがある．

次に，雪印乳業が同じ原因の事件を二度起こし，全く異なる対応をしたという事例を紹介しよう．

最初の事件は，1955 年 3 月 1 日に北海道にある雪印八雲工場で作られた脱脂粉乳で起きた東京都内の学童の集団食中毒事件であった．食中毒の原因は機器の故障と停電が重なり，原料乳の一部の殺菌処理が翌日に持ち越されたため細菌が繁殖したためであった．事件の報を受け即座に全支店に脱脂粉乳・スキ

6.1 社会と企業の変化

ムミルクの一時販売停止し，八雲工場製脱脂粉乳の回収を指示した．そして，新聞広告を掲載し，社長以下幹部らは工場に駆けつけて原因調査に当たり，他工場にも技術員などを送り，衛生管理状況などの調査を行い衛生管理の徹底を行った．同時に，関係校の全家庭にお見舞状，学校・PTA会長・販売店・同業各社など関係者にはお詫状を送り，併せて被害者や取引先，酪農家などへのおわび行脚を社を挙げて実施した．社長は"全社員に告ぐ"とし，"品質によって失った名誉は品質をもって回復する以外に道はない"と訓示を行った．その後，直ちに衛生管理，検査部門の組織を強化し，検査網を二重，三重にして品質管理を完璧に強化するなど，抜本的な再発防止策も速やかに打ち出した．当初はマスコミ及び社会は雪印の衛生管理体制を厳しく非難したが，雪印の迅速かつ徹底した対応と必死な姿に，関係者はすぐに好意を寄せ，世間も次第に理解を示すようになり，会社には激励の手紙や電話が次々に寄せられた．[*6]

二度目の事件は，2000年に起こした食中毒事件である．

"2000年6月27日，雪印大阪工場製造の低脂肪乳で食中毒症状を起こしたと言う報告が大阪市や雪印に入る．"[*7] 翌日の28日にも消費者から食中毒症状の訴えが相次いでいた．しかし，低脂肪乳製品の自主回収を決定したのは29日になってからであった．7月4日，大阪工場製の"毎日骨太"，"雪印カルパワー"も菌に汚染されたおそれがあるにもかかわらず，店頭で販売され続けていたため，大阪市が同商品の回収を命令．5日，発症者が1万人を突破．8月18日，大阪市が北海道の大樹工場で製造された原料の脱脂粉乳から黄色ブドウ球菌の毒素を検出したと発表した．

雪印製品を口にした消費者から食中毒症状の訴えが相次いでいるにもかかわらず，対応が悪く被害を拡大させてしまった．さらに，情報を集約しないまま会見に臨んだトップが言葉に詰まり，"私は寝ていないんだ"と失言する醜態を見せた．この食中毒事件の原因は，北海道の雪印大樹工場で停電が発生し，

[*6] 雪印乳業史編纂委員会(1961)：雪印乳業史　第二巻，pp.102-107，雪印乳業株式会社
[*7] 産経新聞取材班(2002)：ブランドはなぜ堕ちたか　雪印，そごう，三菱自動車事件の深層，p.325，角川書店

冷却されるはずの原料乳が加温状態のまま放置されたため原料乳が菌に汚染されてしまったため起きたものだった．[*8]

雪印の不手際はこのときだけではなかった．工場の衛生管理意識の欠落も露呈した．各乳製品の製造過程で発生する残乳をホースで調整用の貯蔵タンクに還流させていた，また，ホースの先につける逆流防止用の接続バルブ（逆止弁）やホースの洗浄を長期間行っていなかったことが判明した．

二度目の事故では，人間の生命にかかわる食の安全よりも企業イメージを優先させたため，かえってダメージを広げ雪印ブランドは落ちてしまった．

"この食中毒事件では発覚当初から，雪印の危機管理の甘さ，社内の風通しの悪さ，組織の膠着化などが指摘された．"[*9]

この二度目の食中毒事件では消費者の雪印離れは当然ではあるが，雪印の製品をスーパーなど販売店から納入を拒否されたという事象が起きた．販売店が納入を拒否した行動に対し，一部のマスコミ及び消費者からは，消費者の商品の選択権を奪うものだという意見が出された．しかし，この行動は，販売店が雪印の対応及び体質に対して起こした最大の意思表示である．

この二度の雪印の事件で分かることは，一度目の事件後，社長が自社の企業理念，存在意義，存在目的，自社製品の目的をしっかりと認識し行動していることが伺える．それは，事件後に全社員に配られた社長の訓示の次の一部からも分かる．"人類にとって最高の栄養食品である牛乳と乳製品を最も衛生的に生産し，国民に提供することが当社の大いなる使命であり，また最も誇りとするものであるが，この使命に反した製品を供給するにいたっては当社存立の社会的意義は存在しないのである．"[*10]

しかし，二度目の事件時の雪印は，食料品を扱う企業であるのにずさんな衛生管理，次々と被害者が出ているのに対応が悪い，トップに情報が集まらない，集めに行かない，挙句の果てに暴言を吐く，など同じ会社とは思えない体質，

[*8] 朝日新聞，2000年6月30日朝刊・夕刊，7月5日朝刊，7月6日朝刊，8月24日朝刊
[*9] 産経新聞取材班（2002）：前出，p.23
[*10] 雪印乳業史編纂委員会（1961）：前出，p.105

企業文化となっていた．

これまでの事例で明らかなように，不祥事を起こさない企業の体制，体質，企業文化が非常に大切である．しかし，一度不祥事を起こした後の対応にこそ，その企業の性格が如実に現れる．

社会が企業に求めているのは，"誠実"である．これは顧客にだけではなく，"社会に対しても当然のこと"である．これは"顧客をはじめ，すべてのステークホルダーを大切にする"という思いから来るものである．そしてこれが"社会から信頼される企業"となる．

経営陣の行動によって事件後のその企業の存亡が分かれてしまう．目先の利益に目を奪われるのではなく，"心"ある企業活動をし，"誠実"な企業文化を創り上げるために足腰のしっかりとした内部統制が必要である．

6.2　ブランドとガバナンス

6.2.1　企業価値を向上させるためには──内部統制の限界を超えて

会社法が主としてめざす内部統制は，経営をガラス張りにし，経営者の善管注意義務及び忠実義務を全うさせるようコーポレートガバナンスの充実を図ることであるが，一方，金融商品取引法が主としてめざす内部統制は，財務報告の信頼性を確保することにある．

このような観点から構築する内部統制システムは，あくまでも，コンプライアンスの確保，財務報告の信頼性の確保，業務の効率化を念頭に，企業がその業務を適正かつ効果的に遂行するようガバナンスを働かせるための"合理的なプロセス"にすぎない．そんなことから，プロジェクトプロ代表の峯本は，ISO 9001に出てくる"品質"という言葉を"リスク"に置き換えて考えてみれば，内部統制というマネジメントシステムの概要をつかむことができると述べている．

したがって，その構築が企業不祥事の防止を絶対的に保証するものではない．

経済産業省経済産業政策局長の私的研究会として開かれた"リスク管理・内部統制に関する研究会（座長：脇田良一明治学院大学学長）"が2003年6月にまとめた報告書"リスク新時代の内部統制"では，内部統制の限界として，次の四つが指摘されている．

"① 企業構成員の判断の誤りや不注意により内部統制からの逸脱が生じた場合
② 企業構成員が共謀して，内部統制を無効にした場合
③ 経営者等が内部統制を無視した場合
④ 内部統制の構築当初は想定していなかった環境の変化や新たな事象が発生した場合"[*11]

人間が行う管理の限界を示したものであるが，①，②については，それを招く背景には何があるのか，担い手である社員の意識・モチベーションというところにも思いを巡らせる必要があるであろう．

また，ここには示されていないものの，その構築目的に照らせば明らかなものがある．それは，リスクマネジメントとオーバーラップする部分の多い内部統制の本質からくるものとして，競争力の強化による企業価値，またブランド価値の向上による企業の持続的発展までを保証するものではないということである．

しかしながら，企業の持続的発展にとって経営の健全性を確保することが不可欠であることはいうまでもなく，内部統制が，それを合理的に確保する手段であることに間違いはない．こうした本質，内在する限界をきちんと認識し，これを契機として，プロセスの改革・標準化を行うなど経営改革を推し進めていくことができれば，企業不祥事を真に防ぐだけでなく，競争力をつけ，企業の持続的発展・企業価値の向上へとつなげることができる．

その鍵となるのが，企業経営の柱となる企業理念（経営理念）とその徹底，そして，それによって築き上げられた企業風土にほかならない．企業の持続的

[*11] http://www.meti.go.jp/kohosys/press/0004205/1/030627risk-hokokusyo.pdf

発展・企業価値の向上は，まさに CSR（企業の社会的責任）のめざすところであるが，手段・プロセスとしての内部統制をそこへつなげていくには，CSR を実践し，マネジメントしていくにあたっての原点であり，根幹となる，企業理念というところにいきつくのである．

金融商品取引法では，内部統制の 5 要素の一つに，組織全体を律する環境としての，組織風土，企業文化，トップの姿勢といったものを指す"統制環境"が掲げられ，企業理念の徹底ということが組み込まれている．八田は，この"統制環境"が 5 要素のなかでダントツに重要である旨を述べているが，まさにその点を突いたものといえよう[*12]．

6.2.2 ガバナンスに神経を通わせる企業理念

企業理念とその徹底が内部統制，ガバナンスを機能させるにあたり鍵となる理由は，それが経営トップ，従業員一人ひとりの判断・行動の拠り所となり，最終的にそれらを規定するからにほかならない．

企業が自らの価値を高め，持続的に発展していくためには，企業不祥事を防ぎ，社会からの信頼を獲得していかなくてはならない．高は，企業と社会は信認関係にあり，その重要性を自覚し，市場や社会の期待に応えるよう，誠実さ（インテグリティ）を貫く経営をしていくことが，企業の競争力につながっていくと述べている[*13]．目先や短期的な利益にとらわれて，社会から見て不誠実と受け止められるような行動をとってしてしまうと，それが企業不祥事に発展し，"信頼に値しない企業" というレッテルを貼られて，ブランドイメージの低下・失墜を招いてしまうということである．

実際に，そうした誤った経営判断が，企業不祥事に発展したケースは多い．三菱地所・三菱マテリアルの大阪アメニティパーク土壌汚染事件は，その一例である．マンションの分譲にあたり，敷地内の地下水から国の環境基準を超えるヒ素などが検出された事実を知りながら，資産価値が下がることをおそれ，

[*12] http://business.nikkeibp.co.jp/article/manage/20060522/102369/
[*13] 高巌（2006）："誠実さ（インテグリティ）"を貫く経営，日本経済新聞社

その事実を公表せずに販売したことが，宅建業法違反（重要事項の不告知）に問われた事件だ．会社側は，弁護士の見解をもとに，本土壌汚染が，居住者の健康に実質的な被害がないのだから，告知が義務づけられている重要事実にはあたらない，というスタンスをとっていたが，それが社会から非難されたのである．法令違反かどうかに関する司法判断は結局なされないままとなったが，同事件は，法令遵守ということだけでなく，社会からの要請にどう応えていくか，経営の誠実性が大きく問われたということで象徴的なケースである．判断のプロセスに間違いはなかったものの，判断を誤ってしまったわけだが，こうした不祥事は，法令遵守にとらわれた内部統制では防ぐことができない．

　企業不祥事というと，法令違反の改ざん，隠ぺい，虚偽記載行為，総会屋に対する利益供与などの故意による犯罪行為が典型であるが，消費者や市民の，とりわけ安全や環境といったものに対する意識の向上に伴い，そう認識されるものの範囲は拡大している．過失によって引き起こした事故，情報漏洩なども，世間から見れば企業不祥事なのである．その判断基準は何か？　それは，前述したような，市場や社会からの期待に誠実に応えているかどうかということにつきる．

　CSR は，"社会が企業に対して持つ倫理的，法的，商業的，公的期待に一貫して見合う，またはそれを超える方法で事業を展開していくこと"[*14] と定義されているが（米 BSR），企業不祥事は，この社会的責任を誠実に果たしていないと判断されたものということである．GRI 後藤理事は，CSR の訳を "企業の社会的信頼度" とすることを提案しているが，まさしく，社会から寄せられる様々な期待に応えていくよう行動することによって，その企業への信頼度，ブランドイメージが高まっていくのである．

　繰り返しになるが，こうした行動の拠り所となっているのが，企業理念にほかならない．この企業理念には，当該企業の社会における存在意義・使命・価値観が示されており，一般的には，顧客志向や事業活動を通じての社会貢献と

[*14] http://www.e-nponet.com/csr.html

6.2 ブランドとガバナンス

いった考えが謳(うた)われている．こうした企業理念が，明確に定められているだけでなく，真に経営の拠り所として，経営トップによって実践され，組織全体に徹底され，共有化されてはじめて，内部統制が，神経の通ったガバナンスとして機能する．

　企業の理念を浸透させるというところに力点を置くことの意義については，別の観点からも指摘することができる．内部統制の対象であるとともに，コンプライアンスの担い手である"従業員の視点"からである．『日経ビジネス』誌の"社員が壊れ，会社が壊れる憂鬱なオフィス—何のための管理強化か"という特集がそれである (2006年5月1日号)．これは，昨今，CSRやコンプライアンスの重要性が叫ばれるなか，企業がコンプライアンスや情報保護の名のもとに，細かい規則を定めるなど社内管理の強化に走っていることに対し，警鐘を鳴らすものである．同特集は，管理強化の副作用を指摘するとともに，誰のため，何のための規則や管理なのかという視点が欠けたままでは，決して企業体質の改善につながらないとし，社員の納得感を高めていくことが内部統制を本当に機能させるための必要条件であると主張する．そして，その点を重視して対応している企業として，デュポンを挙げている．同社では，コアバリューと称する共通の理念の共有を徹底することに力点を置けば，細かな規則を設ける必要はないという対応をしている．同社では，コアバリューという理念について徹底的に話し合い，その価値観の共有化を図っているため，コンプライアンスの土台が強固になっている．

　社員が萎縮し，モチベーションが下がってしまっては，かえってミスから事故やトラブルを引き起こしたり，不正行為への誘惑を招きかねないことが懸念される．6.2.1項に内部統制の限界として示した①，②の問題である．これでは何のための管理・統制なのかということになってしまい，企業としての活力は失われ，コンプライアンスをベースに企業価値を高め，持続的に発展していくことなどは到底望めない．

6.2.3 ガバナンスを機能させる合理的な組織構築

企業理念を明確にし，それを徹底することの重要性については前述したとおりであるが，その徹底にあたっては，それに向けた合理的な組織を構築する必要がある．それは，企業倫理委員会や前述の"リスク新時代の内部統制"に示された"健全な内部統制環境"の項目，例えば，取締役会及び監査役又は監査委員会が，経営トップの職務遂行を有効に監督する体制となっているかといった"させない仕組み"を整えさえすればよいということではない．

こうした仕組みを整備することが有効であり，必要であることには違いがないのだが，それだけでは不十分なのである．郷原はこの点を指摘し，表面的に違法行為防止のための組織を構築して，法令遵守を呼びかける単純な法令遵守コンプライアンスではだめで，方針の明確化，組織の構築，予防的コンプライアンス，環境整備コンプライアンス，治療的コンプライアンスからなるフルセットコンプライアンスが必要であると主張している．[*15] ここでいうコンプライアンスとは，一般的にそう訳されている狭義の概念としての"法令遵守"ではなく，"社会的要請に応え，組織の目的を実現すること"であるが，それに向けてフルセットで対策を実施しないと効果がないというのである．

同書では，三菱自動車において，不具合情報を隠ぺいしリコールせずに放置した結果，2002年に発生した死傷事故に言及し，同社における過去のコンプライアンスの取組みに関する問題点について指摘している．いくつか指摘されている点のなかで，本項との関連で取り上げたいのは，自動車の危険防止という観点から重視されるべき品質保証サービス部門の社内的評価や地位が総じて低く，人事配置上も軽視されていたことが，リコール回避の方針に従い，不具合情報の隠ぺいを招くことにつながった，という組織体制に関する指摘である．不正を"させない"だけでなく，"心理的に追い込まない"，"マイナス思考に陥らせない"仕組みを構築することも必要なのである．郷原は本件に関し，"構造的な背景をもつ違法行為が表面化した'企業不祥事'に際して，表

[*15] 郷原信郎(2005)：コンプライアンス革命—コンプライアンス＝法令遵守が招いた企業の危機，文芸社

面的な'法令遵守コンプライアンス'を実施すると，企業の組織活動に混乱を生じさせたり，誤った方向に社内統制を機能させたりなどして，問題の拡大化を招くことにもなりかねないのである．"*16 と論じている．

このような，組織の目的が何であるかを原点に組織のあり方を考えるべきであるという考え方については，弁護士の牧野二郎が，"情報流通型の成果主義への転換急げ"と題して次のとおり述べている．

"内部統制の出発点は，この会社は何のために存在するのかと常に問いかけることであり，それに合わせて会社の仕組みそのものを変えること．

例えば，トヨタ自動車であれば'良いクルマ作り'という信念だ．これがないままに利益だけを追求すれば，どうしても形だけの成果主義に走り，不祥事は起こる．"*17

以上を総括すると，何のための会社なのか，どのような商品・サービスを社会に提供していくことによって社会に貢献していくのかなどを示したものがまさに企業理念であり，その徹底にあたっては組織構築にまで切り込まなくてはならない．ただ，それはあくまでも手段にすぎないことから，その方向性が目的に合致していないと効果を適切に発揮しない，ということになろう．

それでは，どのような組織構築が企業理念を徹底するにあたり望ましいのであろうか．企業理念がめざす顧客の声，品質を第一に考えることを念頭に，組織の重みを示すには，当該組織を社長直轄にする，職制上の位置づけを上げる，優秀な人材を積極的に登用するとともに，そこでの経験をキャリアパスにする，などいろいろあると考えられるが，いずれにせよ，様々な取組みを組み合わせ，会社が本腰を入れていると誰にでも分かるようにすることが重要であろう．

6.2.4　ブランドの維持・向上につながったガバナンス

社会からの信頼を獲得し，企業価値・ブランドの維持・向上へとつなげてい

[*16] 郷原(2005)：前出，p.121
[*17] 日経ビジネス：生まれ変わるカイシャ― 1. 情報流通編，内部統制の衝撃　組織の壁を崩す，2006年10月2日号，p.171

くにあたり，企業理念が徹底され，ガバナンスが効いたと判断される事例を見ていこう．まず最初に思い浮かぶのは，有名な事例ですでに前述ではあるが，ジョンソン・エンド・ジョンソン社のタイレノール事件の対応である．

1982 年に，ジョンソン・エンド・ジョンソン社の解熱鎮痛剤であるタイレノールを服用した市民 7 人が死亡し，同薬にシアン化合物混入の疑いが発生した．この状況で同社は，経営会議を招集し，誰の反対もなく，同薬を飲まないよう消費者に警告するとともに，混入の疑いのある製品をすべて回収するという結論に至り，対応した．その結果，回収費用は 1 億ドル以上に及んだが，2 か月後にタイレノールの売上げは 80%まで回復し，ブランドのイメージを維持したのである．

こうした対応が迅速かつ的確にとれた最大の要因は，顧客（消費者）に対する責任を第一に掲げた企業理念"わが信条（Our Credo）"があり，それが全役員，全従業員に徹底されていたことにある．何を大事にするかといった価値観を示した企業理念は，このような事態に陥ったときにこそ，まさに判断の拠り所となるのであるが，そのためには，日頃からその理念に立ち返って議論することを通じて，そこに魂を入れなくてはならない．そうしてこそ，いざというときにそれが機能し，適切な経営判断を導き，ガバナンスを機能させるのである．

同様の事例は，日本にもある．2000 年の参天製薬の目薬異物混入脅迫事件の対応だ．同社は，異物混入の脅迫状が届いた翌日には記者会見で事実を公表し，製品の全回収を開始した．このような迅速な決断ができたのは"短期的な利益よりも消費者の安全を優先させる"という明確な価値基準がトップの意識にあったからにほかならない．

さらに，最近の事例としては，2005 年の松下電器産業の石油温風器一酸化炭素中毒事件の対応がある．最初の事故が起きてからの初期対応については，後手に回り問題を大きくした事実は否めず，ガバナンスが効いていなかったといわざるをえない．

しかしながら，責任を認め，回収すると判断した後，"いくらかかってもよ

6.2 ブランドとガバナンス

い．この回収ができなければわが社の明日はない．"という中村社長の指示のもと，背水の陣で臨んだ対応については，これまでに企業不祥事を起こした各社の対応に見られない徹底したものであり，まさに，ガバナンスが効いたものであった．テレビコマーシャルをすべてお詫びと回収のPRのものに切り替えるとともに，繰り返し流し続ける一方，チラシの配布，はがきの送付など，考えられるあらゆる手段が用いられた．こうしたPRに要した費用は240億円かかったといわれている．こうした徹底した姿勢が，一般の消費者に好感をもたれ，松下電器産業はブランドイメージを維持・向上させ，好業績を上げた．

以上の事例は，いわゆる危機が発生したときの対応，クライシスマネジメントがうまくいったものということもできるが，そのような危機に陥ったときの姿勢にこそ，顧客・消費者のことをどう考えているのか，何を最も大事に考えているのか，その企業の本心が出る．これは人間関係と同じである．普段，いくらかっこいいこと，もっともらしいことをいって，そうした企業理念を掲げていても，いざというときにそれと違う行動をとれば，相手からは，何なんだ，信用できない，という烙印を押されてしまう．それが信頼関係というものである．そして，この信頼が，ブランドを支えているのである．

前述の事例で焦点となったのは消費者の安全であるが，最近，安全と安心がセットで語られることが多い．この安全と安心で考えてみると，内部統制は，"安全"を確保するために考えられた合理的な仕組み，ということができよう．安全を追求することが，顧客・消費者の"安心"を確保することにつながるという考え方は正しいが，"安心"は人間の感じ方，突き詰めると心の問題であるため，"安全"の確保はその必要条件であって，十分条件ではない．"安心"を確保するのは，企業の本心に基づく姿勢である．

制度・仕組みを設けることにその姿勢の一端が現れるが，そこに魂がこもっていないと，いずれ馬脚を露わしてしまうのだ．そのことを肝に銘じて，日頃，企業理念を徹底し，内部統制という仕組みに神経を通わせなくてはならない．それこそが，その仕組みを意味のあるものとし，真にガバナンスを効かせることにつながるのである．

6.3 社会と共生する企業

6.3.1 地域社会との共生を図っている企業

前節でも述べたように，企業理念とその徹底及びそれによって築き上げられた企業文化は，企業の持続的発展と企業価値の向上をもたらしている．この事例の一つとして，地域社会との共生を図っている"鈴与"を紹介する．[18]

(1) 鈴与の地域貢献活動の概要

鈴与は1801年（享和元年）に廻船問屋"播磨屋与平"として清水湊に創業した．[19] 鈴与は創業以来その事業の拠り所を清水及びその周辺の静岡県内に置いた．四代鈴木与平（1837-1904）[20]の時代には，清水港の波止場会社や博運会社を設立して，大型船の出入りを可能にする波止場や繋船場を築造するとともに，回漕業者をまとめて出入船舶の積荷の取扱いと移動を行った．併せて，清水港が貿易港として栄えるために取扱い商品を増やす必要があることから，日本茶の輸出増加を推進する"国産茶屋"を横浜に共同で創立した．

五代与平（1863-1917）は，静岡茶の直輸出に力を注ぎ，1909（明治42）年には横浜港を超えるまでに輸出が増えたのである．そして同年に始まった清水港第1次改築工事では，率先してその所有地を県に寄付した．

六代与平（1833-1940）は，地場産業の育成・発展を更に積極的に行った．清水港や焼津港はマグロとカツオの漁港であった．1928（昭和3）年トンボマグロの油漬缶詰の研究に取り組んでいた静岡県水産試験場の村上技師の見本品が，ニューヨーク市場で好評を博したのを聞き，企業化の手を差し伸べたのが六代与平であった．当時の金融恐慌による失業者の救済と，清水港に水揚げされるトンボマグロの油漬缶詰の輸出品としての将来性を熟慮して，導き出し

---

[18] 鈴与に関する記述はすべて鈴与170年史と200年史からの引用であるため，特にページは記さない．

[19] 本節では四代から六代にわたる時代［1869(明治2)～1940(昭和15)年］を中心に論述する．

[20] 鈴与の経営者は初代より代々"鈴木与平"を名乗っている．

た結論であった.

1929（昭和4）年,マグロ油漬缶詰の製造を目的とする清水食品株式会社が設立され,六代与平が社長に就任した.この清水食品のマグロ缶詰が米国で爆発的な売れ行きを示したことがきっかけとなり,同様の缶詰会社の設立が相次ぎ,全国で1933（昭和8）年までに29か所の工場が稼働した.その結果,輸出産業として対米貿易摩擦まで生じたが,自ら渡米して自主統制を約束し,実行するなど,終始一貫して業界の発展に尽くした.

また,1930（昭和5）年には清水の背後に広がるみかんをも缶詰産業化すべく製造にも着手した.これはマグロとみかんのシーズンが異なる組み合わせによって年中工場が稼働する環境をつくり,缶詰生産事業が大きく発展することを狙ったものである.

(2) 鈴与の企業理念と企業文化

鈴与の地域貢献活動が企業文化として根づいてきた経緯は,次のように考えられる.まず,四代与平から顕在化してきた事業の発展には,清水港や地域の発展が欠かせないという経営者個人の哲学があった.五代与平も同様に考え,港湾整備（所有地の寄付）や地域振興（静岡茶の直輸出）に積極的に協力してきた.

この四代,五代の約50年間に,事業活動を行うには"清水港や地域の発展に寄与する地域貢献活動"が必要であるという企業理念が萌芽し,それが企業文化へと昇華していったと考えられる.そしてこの企業理念が,鈴与の企業文化となりつつあった大正初期,六代与平がキリスト教的・仏教的倫理観[21]をもって経営に参加したとき,"共生（ともいき）"[22]という企業倫理が生まれたのである.そしてこの企業倫理が,従来の企業理念や企業文化を更に強固なものに醸成していったと考えられる.それはまた,企業の具体的行動である地

---

[21] 六代与平は東京高等商業学校（現一橋大学）在学中にキリスト教の洗礼を受け,無教会主義の内村鑑三門下生となった.経営者となってからは浄土宗の椎尾弁匡師の"共生（ともいき）運動"に共鳴して"共生"という社是を掲げた.

[22] この運動は"人間として本当に生きること"を実践するものであった.

域貢献活動を更に幅広く深いものとしたと考えられる．

清水龍榮は"企業文化とは，その企業構成員に共有されている価値観，行動であり，過去の長い歴史の間に積み重ねられてきたものである．経営理念とは，経営者の個人の哲学と，この企業文化との積にあたるものであり，その中核に企業倫理がある．企業倫理は，経営者個人の哲学，企業文化，経営理念を貫く，内的，道徳的な価値観である．"としている（図表6.1）.[23]

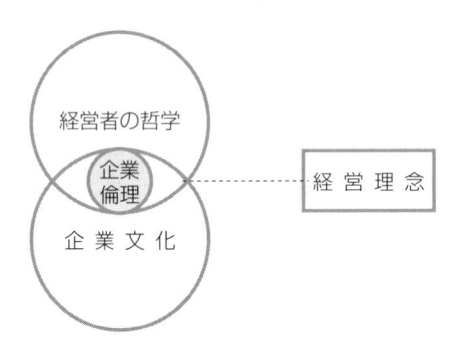

図表 6.1 企業倫理と経営理念と企業文化の関連

鈴与170年史には，鈴与の経営哲学として次の3項目が載っている．

一つは"清水港とともに生きること"である．そしてこの郷土とともに生き，ともに栄えるという使命観は，六代与平が強く抱いてきたものであると記されている．

二つには"多角経営"を挙げている．地方の限られた経済基盤のなかでは，事業の拡大発展にも制限があるので，多角経営を行ってきた．多くの仕事をはじめから全部やっていたのでもなければ，儲かるからというので始めたものでもない．多くの人々の長い努力が，枝となり葉となり実となったもので，意味もなく仕事を寄せ集めたのではないとしている．

三つには"企業の公共性と社会的責任"を挙げている．そこには"企業で大切なのは利潤であり，これは決して悪ではなく，正当な利潤は経営の基本であ

---

[23] 清水龍榮(1997)：企業倫理と日本型経営，三田商学研究，Vol.40, No.5, pp.47-48

6.3 社会と共生する企業

って，すべての企業は利潤の上に存在している．ただ，それでは利潤万能かというと，そうではなく，企業の存在する社会というものへの奉仕を忘れてはならないということである．…(中略)…加えて清水における鈴与の企業的地位は，その責任を一層切実に考える必要があり，これは単に経営者だけではなく，鈴与に働くもののすべてに求められている．"[24] として，企業の社会的責任について明確に述べている．

(3) 鈴与の現在の企業理念

鈴与で特筆すべきは，すでに記したように地域貢献活動が明治期より始まっていることと，七代与平以降も衰えることなく今日においても充実し続けていることである．それは企業理念が企業文化となって定着しているからにほかならない．これについては，清水龍榮が以下のように述べている．"企業文化は慣習に根ざすところが多いから，どうしても柔軟性が少なくなる．それでも，もし柔軟性が保たれ，組織内に倫理基準が明確にされているならば，それらによって新しい環境に対応しうる．すなわち，一般に，予測不能な新しい環境に対して客観的，合理的な分析では対応できず，直観でしか対応できないが，そのような場合は倫理基準だけを用いて直観的判断する．"[25]

ここに企業倫理の存在理由がある．変化の激しい不確実な時代にある今日においては，経営を行う具体的指針として，その企業独自の企業倫理を設定することが特に求められている．

現在の鈴与には，社員全員に配付されている社外秘の"基本指針"という小冊子がある．1997年9月に現在の八代鈴木与平（当時は鈴木通弘）社長が創業200年を迎える21世紀を前に，先代や先々代から聞いていることを自ら12項目にまとめたものであるが，端的にその企業理念を表している．先般了解をいただいたのでその一部をここに紹介してみたい．

(a) 歴史の審判に耐えうる正々堂々の経営を行う．鈴与は，活力ある自らの事業の発展を通じ国家，社会，地域に貢献し，歴史の創造に参画することを

---

[24] 鈴与170年史からの引用．
[25] 清水(1997)：前出，p.48

目的とする．そして，正々堂々の経営を行う．いかにそれが利益をあげるものであろうとも，他人を陥れたり，社会正義に反する事業や行動は行うべきではない．そのような事業や行動は，歴史の審判に耐えきれるものではないことを，我々は銘記すべきである．

(b) 活力ある社員であると共に尊敬される立派な社会人であること．鈴与の社員は，各々の事業において，常に活力に溢れ，前向きに，立派な仕事を成し遂げる意欲と能力をもった人間であることを求められる，と同時に高い品性をもち他から尊敬されるような立派な社会人であることが求められる．

会社は，そのような社員のために，時には，社員を守る城となり，時には，互いに喜びや悲しみを分かち合う"場"としての意味を持つ（後半略）．

(c) 常に事業の革新をはかる．社会は，常に変化し発展を続けていく．鈴与はこうした変化や発展に対応し，常に危機意識をもち企業力を集中し速やかに適合していく．

過去からの伝統ある事業でも，その内容は，社会のニーズや外部環境の変化に応じて，どんどん変化していかなければならない．たとえ過去からの伝統ある事業であっても，それにこだわることはない．必要ならば捨て去らなくてはならない事業もあろうし，また，新しく始めるべき事業もあろう（後半略）．

(d) 事業に必要な投資は積極的に行う．鈴与は常に新しい設備・機械・システム等に強い関心を持ち，研究を重ねる．特に我が社の如く，地方に本社を置く企業は，しばしば，"唯我独尊""井の中の蛙"になる危険性が多分にある．…（中略）…特に，土地や株式等に対する投資は，事業に関係あるものに限り，積極的に情報を集め，必要とあれば取得していくべきである．ただし，財テクと呼ばれる株式による資金運用も含め，土地や株式に対する投機は慎しまなければならない．

基本指針の(a)にある"歴史の審判に耐えうる正々堂々の経営"という理念は2世紀にわたる時代を生き抜いてきた企業だからこそいえることである．また，(d)は六代時代から"投機をしない経営"として受け継がれた方針であり，現在も確実に実践されており，バブル時の株式や土地投機とは無縁であっ

たとのことである．鈴与は歴代創業家が会社を所有し，経営を行ってきたオーナー企業である．上場もしていない．しかし，非上場のオーナー企業においても経営トップが企業理念を常に語り継いでいく限り，地域社会との共生を図るという企業文化はますます強固なものになっていくと考えられる．

6.3.2 コンプライアンスを形だけに終わらせない企業

企業の不祥事が続発する今日，コンプライアンス委員会を設置し，倫理綱領や行動基準を策定する企業は多いが，現実にそれを形だけに終わらせずに実効あるものにすることが必要である．ここでは，その取組みを長年にわたり実践している"富士ゼロックス"を紹介する．

(1) 富士ゼロックスのコンプライアンス活動

富士ゼロックスは，比較的早く1988年からコンプライアンス強化活動を始めている．当時公務員への過剰接待や知的財産の無断使用など，社会のルールに違反する事件があったことから，経営トップの強い指示によって最初の倫理コードとして"社員行動ガイドライン"が発行され，全社員に示された．

1990年代後半，薬害エイズ問題や証券会社の利益供与事件，大手銀行や証券会社の破綻など，大企業の不祥事が続発し，規律ある企業活動を求める声が世の中に高まった．富士ゼロックスでは，1997年に行動規範の全面改訂を行うとともに，企業倫理会議（現リスク＆エシックス会議）や企業倫理相談窓口（現企業倫理ヘルプライン）を新規に開設し，コンプライアンスを根づかせるための全社的な仕組みづくりに着手した．2000年には，アジア・パシフィック地域の現地法人向けに"Business Ethics Guidebook"を発行した．

2002年からは，説明責任に応えられる体制の整備を目標として，法令遵守の保証策を組織や業務に組み込む作業を開始した．例えば，子会社の社長も含めた倫理・コンプライアンス委員会の設置，テーマ別ガイドラインの導入，内部監査チェックリストへの反映，社員の法令教育の徹底などといった大規模な施策が日本国内で次々と始まった．特に注目されるのは，法令遵守体制の基本方針である"倫理・コンプライアンス管理規定"を公式ホームページに公表し

ていることである．これは社会の納得や評価が得られる取組みでなければ，内部体制に取り組む意味がないという判断から実施された．また，全社員が行動規範誓約書を社長宛に提出する誓約活動も 2002 年から導入している．

2005 年には，海外 11 か国の現地法人への展開を行うために "Compliance Action Meeting" の設置を行い，コンプライアンスに関する統制・監視テーマの共通化や各社マネジメントシステムの自己点検・再構築及び取組み事例（ベストプラクティス）の交換などを行った．

(2) 富士ゼロックスの企業倫理研修

1999 年から展開している企業倫理研修は，社員及び国内関連会社の全従業員を対象に "社員行動規範" を周知・徹底することを目的に実施している．特徴は，"ケースブック 100" を使った事例研究を中心とした参加型研修とトレーナーズマニュアルや VTR を使った OJT 型研修の 2 種類で構成されていることである．階層別コースを設定し，契約社員や派遣社員向けには個別に WEB ビデオも準備している．また，2002 年には情報倫理・セキュリティ教育が，2004 年には個人情報保護教育と法令基礎教育がカリキュラムに追加されている．

個人情報保護教育は 2005 年 4 月の個人情報保護法施行に対応するためにオリジナルの教育を WBT 方式（Web Based Training）でスタートしている．法令基礎教育は，法律概論及び労働，環境，公正取引，知的財産などの法規制をテキスト（170 ページ）で自習した後，WBT 方式による理解度確認テストで 80 点以上とることが，役員も含めて全受講者（原則として主任・係長格以上）に課せられている．主要研修コースの例を図表 6.2 に示す．

これらの研修とは別に，法律分野をいくつかのグループに分類して，それぞれの分野に属する主要な国内の法律とその法律に基づき企業が遵守すべき義務，対応の注意点などを "コンプライアンスガイドライン" としてまとめている．現在は，環境共通編や官庁取引編など 5 種類の分野が作成済みで，20 種類まで増やす計画であるという．

このコンプライアンスガイドラインは，関係する業務規定に反映するととも

6.3 社会と共生する企業

図表 6.2　主要研修と対象層

研修コース名	役員	管理職社員	一般職社員	契約社員	派遣社員	推進事務局
エシックスマネジメント研修	○	○				○
ビジネスエシックス研修			○			○
企業倫理 WEB ビデオ				○	○	○
情報倫理・セキュリティ WBT	○	○	○	○	○	○
個人情報保護 WBT	○	○	○	○	○	○

に，部門の自己監査や内部監査部門の監査のチェックリストにも反映している．加えて，関係業務の責任者や担当者に正しく伝達されるように，講習会を随時開催している．また，知りたい人が知りたいときにいつでも学習できるよう WBT 方式でグループ共有のイントラネットに掲載している．

また，2006 年 2 月からは管理職全員と関連販売会社の社員全員に対して，"不正を防止するマネジメント研修"を実施し，不正や重大ミスの防止は，内部統制の中心テーマであることを理解してもらう目的で行っている．内容は社内で過去に実際に発生した事例をもとに，マネジメント上の問題点や効率的な予防や対処方法などについて配付教材（50 ページ）を事前に学習した上で行う集合教育である．

富士ゼロックスの企業倫理研修のすばらしさは，コンプライアンスを通して企業の品質を向上させるとともに，役員や社員が誇りをもてる"よい会社"にしようとする考えに基づいて行われていることである．そして，そのやり方も単に一般的な法律知識やコンプライアンス知識を教えるだけではなく，自部門の業務規定との関連や過去の具体的な事例を教材として取り扱い，受講者が自分の問題として認識でき，かつ，職場ですぐに実践できるようにカリキュラムを作り上げていることである．

富士ゼロックスで長年経営トップを続けてきた小林陽太郎（現相談役最高顧問）は，"CSR を定着させるために"という講義[26]において，ポイントとし

---

[26] 中央大学南甲倶楽部寄附講座 "経営革新"（2006 年 11 月 9 日）

て四つを挙げている．一つは"トップのリーダーシップ"であり，二つには"リアル・チェンジリーダー"の存在を挙げている．それは，経営トップの考えを深く理解し，周囲を巻き込んで実践していく真の変革者といえる人材である．三つには"センス・オブ・オーナーシップ"を挙げている．これは，社員全員が経営者と同じ思いをもつことであり，小林陽太郎は社員との懇談や対話を通して醸成を図ってきたとのことである．最後は"多様な視点の積極的な取り入れ"を挙げ，多様な人材や要素を取り入れることで独りよがりの経営にならないようにすることが重要であるとしている．そして，経営トップは"常に素直な心で深く考える"ことが必要であると締めくくっている．

これまで二つの企業の事例を見てきたが，いずれも経営トップの強いリーダーシップのもとに，企業理念とその徹底を図り，それによって築き上げられた企業文化をさらに強固なものにする日々の努力が行われている．これによって企業の持続的発展と企業価値の向上が図られると考えられる．

終章　やわらかい内部統制の評価基準

やわらかい内部統制の評価基準の狙い

　内部統制は，"経営者が自らの経営管理を達成するもの"という視点に立って，企業の持続的発展のために行うものである．そのためには，本書では経営理念や経営哲学のもとに醸成されている企業文化や企業風土に根ざした，新たな内部統制の全体像を提唱した．

　ハード面では，第1に，コンプライアンスマネジメントシステムが内部統制の基盤となること，第2に，コーポレートガバナンスやリスクマネジメントと統合されたものとして機能すること，などについて述べた．

　一方，ソフト面では，第1に経営トップがリーダーシップを発揮し，明解で説得性のある基本方針，メッセージやコミットメントを言行一致で行うこと，第2に，コンプライアンスが信頼の基本であり，コンプライアンスマネジメントシステムが内部統制の運営の基盤であること，第3に，企業文化や企業風土を時代の変化と要請に対応したものとして刷新すること，第4に，社会と共生する企業をめざして内部統制に取り組むこと，などを考察した．

　時代の流れは，事前調整型社会から，事後制裁・救済型社会へと変貌している．したがって，企業が抱えるリスクが複雑化・多様化しており，ビジネスリスクへの対応が重要な経営課題として注目されている．また，社会に対する情報開示重視の要請に，いかに企業として対応するかが問われている．

　このような状況下において，経営者をはじめ企業人が，自社の内部統制を経営理念や経営哲学のもとに醸成されている企業文化や企業風土に根ざした，新たな内部統制として全体像を捉え，自ら評価するために，ここに"やわらかい

内部統制の評価基準"を提唱する（次ページ図表参照）．

やわらかい内部統制の評価基準の内容と項目別解説

やわらかい内部統制の評価基準は，第1に，経営トップのリーダーシップ発揮（2項目，20点），第2に，内部統制の構築と運営（4項目，40点），第3に，コンプライアンスマネジメントシステムの構築と実践（4項目，40点），の3本柱（計10項目，100点）で構成されている．これらの項目について，次に説明するとおり，仕組みを50％，成果を50％として，合わせて評価100％として計算し，10項目の総合計が100点となる．

(1) 経営トップのリーダーシップ発揮（2項目，20点）

内部統制は，経営者が自らの経営管理を達成するものであるから，まず経営トップのリーダーシップ発揮を挙げ，①コンプライアンス，内部統制重視の方針をコミットメントとして社内外へ表明している，②社会と共生する倫理的企業文化が醸成されている，の2項目を重視している．

具体的には，経営理念，経営方針とともに，コンプライアンス，内部統制重視などの基本方針が，社内向けとともに社会への情報公開誌，パンフレットなどに具体的に明示されることが求められる．最も難しいのは，経営トップのリーダーシップのもと，社会と共生する倫理的な企業文化を醸成することであり，長年のたゆまぬ努力が必要となる．

(2) 内部統制の構築と運営（4項目，40点）

内部統制の構築と運営は，関係法令や社会の要請から，次第に複雑化・多様化している．そこで，基本となる不可欠な要素として，①内部統制重視の方針が，経営戦略に組み込まれ，組織体制が整備されている，②リスクマネジメント及び業務の効率的運営について，適切な対策が実施されている，③会計情報や財務報告の信頼性が確保され，企業情報が適正に開示されている，④適正な監査によって，内部統制全体が担保されて，市場の信頼性の向上に努めている，

やわらかい内部統制の評価基準の内容と項目別解説　　　173

図表　やわらかい内部統制の評価基準

評価基準項目	仕組み (50%)	成果 (50%)	評価 (100%)
(1) 経営トップのリーダーシップ発揮　　　（20点）			
① コンプライアンス，内部統制重視の方針をコミットメントとして社内外へ表明している．　　　（10点）			
② 社会と共生する倫理的企業文化が醸成されている．　　　（10点）			
(2) 内部統制の構築と運営　　　（40点）			
① 内部統制重視の方針が，経営戦略に組み込まれ，組織体制が整備されている．　　　（10点）			
② リスクマネジメント及び業務の効率的運営について，適切な対策が実施されている．　　　（10点）			
③ 会計情報や財務報告の信頼性が確保され，企業情報が適正に開示されている．　　　（10点）			
④ 適正な監査によって，内部統制全体が担保されて，市場の信頼性の向上に努めている．　　　（10点）			
(3) コンプライアンスマネジメントシステムの構築と実践　　　（40点）			
① 行動憲章や行動基準が，社会に対して公開されている．　　　（10点）			
② 担当責任者の任命，担当部署の設置，教育・研修の実施，内部通報制度の設置等の遵守体制が整備され，適切に運営されている．　　　（10点）			
③ コンプライアンス委員会の設置，意識調査の実施，人事考課への配慮等フォローアップ体制が整備され，適切に機能している．　　　（10点）			
④ コンプライアンスマネジメントシステムの構築と実践を担保する総合的な監視体制が整備され，適正に運営されている．　　　（10点）			
総合計　　　（100点）			

```
［総合評価］
☆ きわめて優れている ： 85点以上
☆ 優れている        ： 70～84点
☆ 普通             ： 50～69点
☆ 改善を要する      ： 49点以下
```

の4項目に絞り込んでいる．

　内部統制のグローバルスタンダードとして知られている1992年の米国COSO"内部統制の統合的枠組み"[*1]では，内部統制について，①業務の有効性と効率性，②財務報告の信頼性，③関連法規への準拠性，の三つの目的を達成するためとしている．また，内部統制の要素として，①統制環境，②リスク評価，③統制活動，④情報と伝達，⑤監視活動（モニタリング），の五つの要素から構成されるプロセスとしている．

　さらに，COSOでは，2004年9月に"全社的リスクマネジメント"(Enterprise Risk Management — Integrated Framework)[*2]を発表し，経営者及び企業に対して，従来の財務報告中心の考え方から，実務的側面を考慮したリスクマネジメントとして提唱している．

　一方，わが国における金融庁の"財政報告に係る内部統制の評価及び監査に関する実施基準"では，COSOの内部統制に準拠しながらさらに拡大して，上記三つの目的に，④資産の保全，を加えて四つの目的とし，五つの要素に，⑥ITへの対応，を加えて六つの要素から構成されるプロセスとしている．

　このような内部統制についての厳しい要請に対して，すでに対応している企業は当然ながら，この評価基準でも高い評価となる．

　内部統制は，企業が社会から信頼され，健全な事業活動を行い，持続的発展を果たすための"経営管理の仕組み"である．したがって，この評価基準では，株主・投資家の保護に資するように，業務の有効性と効率性を高め，会計・財務情報の信頼性を向上させ，企業情報の開示制度の整備などを図り，適正な監査の実施などにより，市場の信頼性を高めることをめざしていることから，上記4項目に絞っている．

[*1] COSO（鳥羽至英・八田進二・高田敏文訳）(1996)：内部統制の統合的枠組み　理論篇，p.18，白桃書房
[*2] COSO（八田進二監訳，中央青山監査法人訳）(2006)：全社的リスクマネジメント　フレームワーク篇，pp.5-12，東洋経済新報社

(3) コンプライアンスマネジメントシステムの構築と実践（4項目，40点）

コンプライアンスマネジメントシステムは，内部統制の基盤として機能するものだけに，これが適正に構築され，全社一丸となって取り組むことが望ましい．

したがって，①行動憲章や行動基準が，社会に対して公開されている，②担当責任者の任命，担当部署の設置，教育・研修の実施，内部通報制度の設置等の遵守体制が整備され，適切に運営されている，③コンプライアンス委員会の設置，意識調査の実施，人事考課への配慮等フォローアップ体制が整備され，適切に機能している，④コンプライアンスマネジメントシステムの構築と実践を担保する総合的な監視体制が整備され，適正に運営されている，の4項目は，社会から信頼される企業にとって基本的なものとなっている．

まず，行動憲章や行動基準は，いまや社会への公開が求められているだけに，社内限りにとどまっていては企業イメージの向上は望めない．やはり，少なくとも目次など主要項目について公開することは必要であり，できるだけ全文を公開することが望ましい．

次に，コンプライアンスマネジメントシステムとして内部制度化が必要であり，この評価基準では，これを実践体制としてとらえ，遵守体制とフォローアップ体制の両側面から評価する．

最後に，総合的な監視体制が整備され，適正に運営することが大切である．監査部署や，外部の会計監査人などによって，定期的にコンプライアンスマネジメントシステムの実践についてチェックされ，この結果が現場にもフィードバックされるほか，経営トップのイニシアチブによる改善・見直しが行われて，さらに次の段階の実践へとつながる．

この評価基準には項目として挙げていないが，"行動基準違反やコンプライアンス違反について，罰則規定が明示され，適正に運用されている"，"再発防止策や，緊急対策が準備され，迅速に対応できるようになっている"ことも当然必要なことである．

この評価基準では，各評価基準項目について，仕組み（50%）と成果（50%）

に分けて計算した上で評価（100%）する．各項目の総合計を算出してから，"きわめて優れている：85点以上"，"優れている：70〜84点"，"普通：50〜69点" "改善を要する：49点以下" として総合評価する．

このように，"やわらかい内部統制の評価基準"は，経営者，企業人が自社の内部統制の状況を，かなり簡単に自ら把握することができる．さらに，第三者の立場に立って，内部統制状況を客観的に評価することもでき，有益である．

参 考 文 献

1) 井窪保彦，佐長功，田口和幸編著(2006)：実務企業統治・コンプライアンス講義，民事法研究会
2) 池田耕一(2004)：CSR（企業の社会的責任）と企業戦略，日本経営倫理学会誌，第11号
3) 江戸英雄(1980)：私の履歴書，日本経済新聞社
4) 遠藤功(2005)：見える化—強い企業をつくる「見える」仕組み，東洋経済新報社
5) 大内伸哉，小島浩，男澤才樹，竹地潔，國武英生編著(2004)：コンプライアンスと内部告発，日本労務研究会
6) 岡本亨二(2004)：CSR入門—「企業の社会的責任」とは何か，日本経済新聞社
7) 奥村惠一(1994)：現代企業を動かす経営理念，有斐閣
8) 国廣正，五味祐子(2005)：なぜ企業不祥事は，なくならないのか，日本経済新聞社
9) 経済産業省(2005)：企業行動の開示・評価に関する研究会　中間報告書
10) 郷原信郎(2005)：コンプライアンス革命—コンプライアンス＝法令遵守が招いた企業の危機，文芸社
11) コーポレートコンプライアンス季刊第5号「最近の企業不祥事　大阪アメニティパーク土壌汚染問題」
12) 後藤啓二(2006)：企業コンプライアンス，文藝春秋社
13) 財団法人産業研究所(2005)：知的資産の創造・活用に関する調査研究
14) 斉藤慎監修，日本版SOX法研究会編(2006)：日本版SOX法入門，同友館
15) 斎藤槙(2004)：社会起業家—社会責任ビジネスの新しい潮流—，岩波書店
16) 佐藤久三郎(1981)：ニューロールプレイング，ダイヤモンド社
17) 産経新聞取材班(2002)：ブランドはなぜ堕ちたか　雪印，そごう，三菱自動車事件の深層，角川書店
18) 椎尾弁匡選集刊行会(1972)：椎尾弁匡選集第9巻，山喜房仏書林
19) 塩野谷祐一(2002)：経済と倫理—福祉国家の哲学，東京大学出版会
20) 清水龍榮(1997)：企業倫理と日本型経営，三田商学研究，Vol.40, No.5
21) 社会経済生産性本部編(2004)：ミッション・経営理念　社是社訓第4版—有力企業983社の企業理念・行動指針，生産性出版
22) 鈴与社史編集委員会(1971)：鈴与百七十年史，鈴与株式会社
23) 鈴与200年史編纂委員会(2002)：鈴与二〇〇年史，鈴与株式会社
24) 関孝哉(2006)：コーポレートガバナンスとアカウンタビリティー，商事法務
25) 十川廣國(2005)：CSRの本質—企業と市場・社会，中央経済社

26) 高巌ほか(2003)：企業の社会的責任，日本規格協会
27) 高巌(2003)：コンプライアンスの知識，日本経済新聞社
28) 高巌，日経CSRプロジェクト編(2004)：CSR―企業価値をどう高めるか，日本経済新聞社
29) 高巌(2006)：なぜ企業は誠実でなければならないのか，モラロジー研究所
30) 高巌(2006)：「誠実さ（インテグリティ）」を貫く経営，日本経済新聞社
31) 高橋伸夫(2005)：育てる経営の戦略，講談社
32) 田中宏司，池田耕一，長谷川俊一ほか(2003)：コンプライアンス・プログラムの策定と運用の実際，企業研究会
33) 田中宏司(2005)：コンプライアンス経営［新版］―倫理綱領の策定とCSRの実践，生産性出版
34) 田中宏司(2005)：CSR入門講座第1巻　CSRの基礎知識，日本規格協会
35) 出口将人(2004)：組織文化のマネジメント―行為の共有と文化，白桃書房
36) 寺本義也，岡本正明，原田保，水尾順一(2003)：経営品質の理論，生産性出版
37) ドーン・マリードリスコル，W・マイケル・ホフマン(菱山隆二，小山博之訳)(2001)：ビジネス倫理10のステップ―エシックス・オフィサーの組織変革，生産性出版
38) 特定非営利活動法人環境経営学会環境経営格付機構(2006)：環境経営格付けの狙いと結果，特定非営利活動法人　環境経営学会　環境経営格付機構
39) COSO(鳥羽至英，高田敏文，八田進二訳)(1998)：内部統制の統合的枠組み　理論編，白桃書房
40) 内閣府国民生活審議会消費者政策部会(2002)：消費者に信頼される事業者になるために――自主行動基準の指針，内閣府
41) 中根千枝(1967)：タテ社会の人間関係―単一社会の理論，講談社
42) 新原浩朗(2003)：日本の優秀企業研究，日本経済新聞社
43) 日経CSRプロジェクト編(2006)：CSR「働きがい」を束ねる経営，日本経済新聞社
44) 日経ビジネス：社員が壊れ，会社が壊れる憂鬱なオフィス―何のための管理強化か，2006年5月1日号
45) 日経ビジネス：生まれ変わるカイシャ―1.情報流通編，内部統制の衝撃　組織の壁を崩す，2006年10月2日号
46) 新渡戸稲造（岬龍一郎訳)(2005)：武士道，PHP研究所
47) 日本経営倫理学会理念哲学研究部会(2001)：新世紀＜経営の心＞16人の先達―新世紀の日本型理念経営のすすめ，英治出版
48) 日本経済新聞社(2004)：経営不在―カネボウの迷走と解体，日本経済新聞社
49) 野中郁次郎(1990)：知識創造の経営，日本経済新聞社
50) 長谷川俊明(2006)：新会社法が求める内部統制とその開示，中央経済社

51) 八田進二(2006)：内部統制の考え方と実務，日本経済新聞社
52) 浜辺陽一郎(2003)：図解コンプライアンス経営，東洋経済新報社
53) 浜辺陽一郎(2005)：コンプライアンスの考え方―信頼される企業経営のために，中央公論社
54) ビジネスアドバンス，2005年第17号
55) 富士ゼロックス株式会社(2006)：サステナビリティレポート2006
56) 藤原正彦(2005)：国家の品格，新潮社
57) 星亮一(2006)：会津武士道，青春出版社
58) 町田祥弘(2006)：金融商品取引法の下での内部統制の課題，月刊新会社法 A2Z, Vol.17
59) 松下電器産業株式会社(2005)：松下グループ行動基準
60) 水尾順一(2003)：セルフ・ガバナンスの経営倫理，千倉書房
61) 水尾順一編著(2003)：ビジョナリー・コーポレートブランド，白桃書房
62) 水尾順一，田中宏司(2004)：CSRマネジメント―ステークホルダーとの共生と企業の社会的責任，生産性出版
63) 水尾順一，田中宏司，清水正道，蟻生俊夫編(2005)：CSRイニシアチブ―CSR経営理念・行動憲章・行動基準の推奨モデル，日本規格協会
64) 水尾順一(2005)：CSRで経営力を高める，東洋経済新報社
65) 水谷雅一(1995)：経営倫理学の実践と課題―経営価値四原理システムの導入と展開，白桃書房
66) 三戸浩，勝部伸夫，池内秀己(2006)：企業論，有斐閣
67) 諸石光熙(2006)：企業の内部統制と危機管理・コンプライアンス体制，月刊監査役，No.518，2006年10月号，pp.36-47
68) 山田徑三(1995)：経営倫理のリーダーシップ，明石書店
69) 吉田信之：内部統制構築という企業改革，経営戦略研究2006年夏季号，Vol.9
70) リン・シャープ・ペイン（鈴木主税・塩原通緒訳）(2004)：バリューシフト―企業倫理の新時代，毎日新聞社
71) COSO（八田進二監訳，中央青山監査法人訳）(2006)：全社的リスクマネジメント　フレームワーク篇，東洋経済新報社
72) E.H.シャイン，金井壽宏監訳(2004)：企業文化―生き残りの指針，白桃書房
73) KPMGビジネスアシュアランス編(2006)：早わかりリスクマネジメント&内部統制―知っておきたい61のキーワード，日科技連出版社

74) Blanchard, K. & Hybels, B. & Hodges, P.(1999): *Leadership by the Book*, Blanchard Family［小林薫訳(2002)：新・リーダーシップ教本，生産性出版］
75) Bowie, N.E.(1999): *Business Ethics*, A Kantian Perspective Blackwell Publishers

76) Greenleaf, R.K.(1970): *The Servant as Leader*, Robert K. Greenleaf Center, pp.9-22
77) Janet Lowe(1998): *Jack Welch Speaks Wisdom the World's Greatest Business Leader*, John Wiley & sons, Inc.［平野誠一訳(1999)：ジャック・ウェルチ　はっきり言おう！, ダイヤモンド社］
78) Lipman, I.A.(2000): The Sears lectureship in Business Ethics at Bentley College: "Business Ethics in the 21st Century", *Business and Society Review*
79) Noel M. Tichy and Stratford Sherman(1993): *CONTROL YOUR DESTINY or SOMEONE ELSE WILL*, Bantam Doubleday Dell Publishing Group, Inc. ［小林陽太郎監訳、小林規一訳(1994)：ジャック・ウェルチの GE 革命―世界最強企業への選択, 東洋経済社］
80) Pienta, D.A.(2000): The Horizontal Organization: An Infrastructure for Ethical Behavior, *Proceeding of Society for Advancement of Management*, *2000*, International Management Conference, March 31th
81) Shein, E.H.(1985): *Organization Culture and Leadership*, *jossey* - Bass［清水紀彦・浜田幸雄共訳(1989)：組織文化とリーダーシップ, ダイヤモンド社］
82) Slater, R.(1993): *How Jack Welch Revived an American Institution*, Richard D. Irwin［牧野昇監修(1993)： GE の軌跡, 同文書院インターナショナル, pp. 130-142］
83) Tichy, N.M. & Devanna, M.A.(1986): *The Transformational Leader*, John Wiley & sons, Inc.［小林薫訳(1988)：現状変革型リーダー, ダイヤモンド社］

（インターネットから取得）
84) 日本経済団体連合会 "企業倫理徹底のお願い"（http://www.keidanren.or.jp/japanese/news/announce/20060919.html)
85) (株)日本ビジネスクリエイト, 本間竹哉 "内部統制システム, 会社法, JSOX 法と SC"（http://www.supply-chain.gr.jp/download/scm_seminar/20060804/sox_scm.pdf)
86) 富士ゼロックス"企業倫理・コンプライアンス「意識の定着・職場風土の醸成」" (http://www.fujixerox.co.jp/company/compliance/comp2.html)
87) リスク管理・内部統制に関する研究会 "リスク新時代の内部統制―リスクマネジメントと一体となって機能する内部統制の指針"（http://www.meti.go.jp/kohosys/press/0004205/1/030627risk-hokokusyo.pdf)
88) NBonline "第7回　失敗しない内部統制　5つの鉄則", "第9回　内部統制は経営者の意識改革を迫る"（http://business.nikkeibp.co.jp/article/manage/20060515/102154/)

索　引

A–Z

compliance ……………………… 59
Compliance Management ……… 65
COSO …………………… 35, 49, 174
　──キューブ ………… 47, 48, 55
　──"内部統制の統合的枠組み"
　　………………… 35, 45, 47, 49, 50
　──レポート ………………… 45
CSR …………………… 11, 17, 156
Internal Control ………………… 49
IR ……………………………… 142
J-SOX 法 ……………………… 33
SEC …………………………… 35
SOX 法 ………………………… 33
SRI …………………………… 149
Vision Operational Leader ……… 12

あ　行

アカウンタビリティ ………… 81, 86
委員会設置会社 ……………… 103
インターナルコントロール ……… 29
インベスターリレーションズ …… 142
内向き体質 …………………… 118
永続企業体 …………………… 145
エンタープライズリスクマネジメント
　……………………………… 48
エンパワーメント ……………… 12
オープンコミュニケーション …… 30

か　行

会計監査人監査 ……………… 100
会社法 …………… 24, 33, 41, 103
ガバナンス …………………… 74
　──論 ……………………… 75
監査組織 ……………………… 99

監査役監査 …………………… 99
監視のガバナンス ……………… 123
企業統治 ……………………… 74
企業の社会的責任 ……………… 11
企業不祥事 ……………… 57, 155
　──の事例 ………………… 36
　──の特徴 ………………… 38
　──の要因 ………………… 38
　──防止 …………………… 120
企業文化 ……… 29, 117, 129, 134, 164
企業理念 ……………………… 155
企業倫理規程 ………………… 25
企業倫理欠如 ………………… 86
逆ピラミッド型組織 ……… 20, 132
共生 …………………………… 162
金融商品取引法 …… 33, 43, 100, 107
草の根のコンプライアンス …… 25
クライシスマネジメント ……… 85
グリーン調達 ………………… 94
グローバル化 …………… 38, 52
経営トップのリーダーシップとコミットメント
　……………………………… 67
経営のモニタリング機能 ……… 26
経営理念 ………………… 61, 164
公益通報 ……………………… 73
　──者保護法 ……………… 73
行動基準 ……………………… 69
ゴーイングコンサーン ………… 145
コーポレートガバナンス …… 26, 74
コンプライアンス …… 17, 24, 57, 59
　──経営 …………………… 64
　──遵守体制 …………… 66, 71
　──の教育・研修 ………… 72
　──の定義 ………………… 60
　──の倫理性 ……………… 78
　──フォローアップ体制 … 66, 73

―― マネジメントシステム 65, 71

さ 行

サーベンス・オクスリー法 33
財務報告に係る内部統制 45
　―― の評価及び監査に関する実施基準
　　　　　　　　　　　　　　　　....... 101
　―― の評価及び監査の基準のあり方
　　　　　　　　　　　　　　　　....... 107
3F 組織 29
事業決断 83
自発性のガバナンス 123
自発的なコンプライアンス 25
社会的責任投資 149
ステークホルダー 92
　―― との対話 89, 109
　―― 分類 106
説明責任 81, 86
攻めの CSR 28
セルフガバナンス 14, 122
ゼロ・トレランス（不寛容）政策 27
善管注意義務 50, 105
　―― 違反 110
潜在能力の発見・開発七つの原則 ... 21
双方向コミュニケーション 109, 113
組織構築 158
ソフトパワーのリーダーシップ 16

た 行

大会社 41, 103
　―― の義務 96
他者支援のリーダーシップ 20
知的資産 138
知的資本経営 138
投資サービス法 33
同質化作用 40
トレッドウェイ委員会 49
　―― 組織委員会 35

な 行

内部監査 100
内部ステークホルダー 110
内部統制 33, 49
　―― 対象リスクの分類 115
　―― に関係する法令 103
　―― の課題 51
　―― の基本的要素 46
　―― の限界 153
　―― のコアステークホルダー ... 110
　―― の効果 63
　―― の構造 95
　―― の条件 52
　―― の特徴 41, 44
　―― の範囲 104
　―― のヒント 28
　―― の目的 45, 47
　―― の理念 89
　―― の枠組み 41
　―― 報告書 44, 101
72 時間リミット説 114
日本型経営システム 124
日本版企業改革法 33, 43
日本版 SOX 法 11
ニューヨーク方式 28

は 行

ハインリッヒの法則 58, 114
ビジネスジャッジメントルール 83
ビジョン実践型リーダー 12, 13, 21
ヒヤリ・ハットの体験 58
ファシズム的リーダーシップ 16
フィラデルフィア方式 28
不買運動 147
ブランドとガバナンス 153
ブランドの維持・向上 159
フリー，フェア，オープン 38, 52
米国企業改革法 33, 35, 40

米国証券取引委員会 ………………… 35
米国のコーポレートガバナンス ……… 75
米国法律協会 ……………………… 77
米国連邦量刑ガイドライン ………… 53
法令違反リスク …………………… 84
法令遵守 …………………… 59, 60
ホーソン実験 ……………………… 54

ま 行

守りのCSR ………………………… 28
自らコントロールしにくいリスク …82

や 行

やわらかい内部統制 ……………… 55

── の評価基準 ………………… 171
"ゆでガエル"現象 …………………… 30

ら 行

リーダーシップ ………………… 17, 19
── ・エンパワーメント ………… 14
リスクテイク ……………………… 83
リスクマネジメント ………………… 81
倫理の確立 ……………………… 120

わ 行

割れ窓理論 ……………………… 26

著者略歴

水尾　順一（みずお　じゅんいち）

1970年神戸商科大学卒業．株式会社資生堂を経て1999年4月より駿河台大学へ奉職．資生堂在職時に環境問題，社員の働き方支援，社会貢献活動などCSRの仕事を経験．また1997年以降，日本企業として初の企業倫理の立ち上げに関与，その浸透・定着活動を推進．大学ではCSR，企業倫理論，マーケティング（ブランド）論などを専門領域とする．
　【現在】東京工業大学特任教授，駿河台大学経済研究所長・教授，経営学博士（専修大学）．日本経営倫理学会理事，日本経営教育学会理事，日本経営診断学会理事，日本経営品質学会理事，西武ホールディングス（西武グループ）"企業倫理委員会"社外委員，資生堂社友，CSRイニシアチブ委員会代表等．
　【著書】『化粧品のブランド史』（中公新書，1998），『マーケティング倫理』（中央経済社，2000），『セルフ・ガバナンスの経営倫理』（千倉書房，2003），『CSRマネジメント』（生産性出版，2004），『CSRイニシアチブ』（日本規格協会，2005，共著），『CSRで経営力を高める』（東洋経済新報社，2005），など．

田中　宏司（たなか　こうじ）

1959年中央大学第2法学部，1968年同第2経済学部卒業．1954～90年日本銀行を経て，1990～95年ケミカル信託銀行勤務．1996～2006年，高千穂大学，関東学院大学，関東学園大学，早稲田大学大学院，東京国際大学の非常勤講師歴任．2002～06年立教大学大学院経済学研究科教授．2002～06年雪印乳業"企業倫理委員会"社外委員．
　【現在】立教大学経済学部客員研究員，日本大学非常勤講師．日本経営倫理学会理事，経営倫理実践研究センター先任研究員，経済産業省・日本規格協会"ISO/SR国内対応委員会"委員，厚生労働省"ボイラー等の自主検査制度の導入の可否に関する検討会"委員等
　【著書】『CSRマネジメント』（生産性出版，2004），『コンプライアンス経営"新版"』（生産性出版，2005），『CSRの基礎知識』（日本規格協会，2005）など

池田　耕一（いけだ　こういち）

1971年京都大学法学部卒業．松下電器産業にて，本社・関係会社・事業部の人事・人材開発を担当後，一貫して倫理・コンプライアンスマネジメント等の取り組みを企画・推進，2005年改定の松下グループ行動基準を中核としたフレームワーク等によりグローバル・グループ内部統制基盤を構築
　【現在】松下電器産業(株)法務本部企業倫理室長．日本経営倫理学会理事，大阪市立大学商学部非常勤講師，大阪地方裁判所委員会委員長代理，日本リスクマネジメント学会リスクマネジメント・アドバイザー等．2007年4月立教大学大学院ビジネスデザイン研究科教授（予定）
　【著書】『CSRマネジメント』（生産性出版，2004），『CSRイニシアチブ』（日本規格協会，2005，共著），"CSR（企業の社会的責任）と企業戦略"（日本経営倫理学会誌，2004）など

大泉　英隆（おおいずみ　ひでたか）
1978 年日本国有鉄道入社，2005 年高千穂大学大学院経営学研究科博士後期課程満期退学
　　【現在】東日本旅客鉄道株式会社人事部〔(株)ジェイアール東日本パーソナルサービス総合研修センター事業本部出向　JR 東日本総合研修センター講師〕

小野　芳幹（おの　よしもと）
1984 年東京大学法学部卒業，東京電力(株)入社．1995 年東京大学大学院法学政治学研究科専修コース修了．
　　【現在】2004 年 7 月 1 日より総務部企業倫理グループマネージャー．

昆　政彦（こん　まさひこ）
早稲田大学卒，シカゴ大学 MBA．グローバル企業の GE および 3M，日本企業のファーストリテイリングの各社にて執行役員として財務・CSR・ガバナンスなどを担当．
　　【現在】住友スリーエム(株)執行役員　財務担当

佐藤　伸樹（さとう　のぶき）
1980 年慶應義塾大学法学部法律学科卒，同年三井不動産株式会社入社　住宅事業，ビル事業，企画調査，グループ経営，広報，法務コンプライアンスの各業務を担当，グループ会社出向時には，総務，経理，人事関係業務を統括．
　　【現在】監査室コンプライアンスグループ長

田邉　雄（たなべ　ゆう）
1992 年日本経済新聞社東京本社広告局配属．新聞広告営業に従事．1998 年名古屋支社，2000 年米国広告会社メディアファーストでの研修を経て，2003 年から日経 CSR プロジェクト主宰．2004 年から日経広告研究所研究員を兼務．
　　【現在】日経アメリカ社ロサンゼルス支社勤務．

橋本　克彦（はしもと　かつひこ）
1968 年獨協大学外国語学部卒業，2001 年名古屋市立大学大学院経済学研究科修了，沖電気工業(株)執行役員関西支社長，(株)沖データ常務取締役営業本部長・常勤監査役を歴任．
　　【現在】CSR イニシアチブ委員会メンバー．
　　【著書】『CSR イニシアチブ』（日本規格協会，2005，共著）

福田　隆（ふくだ　たかし）
1972 年慶応義塾大学法学部政治学科卒業，同年 4 月日産火災海上保険に入社，企業営業，国際部，ロスアンゼルス駐在，安全技術部等を経て 2001 年 8 月に(株)損保ジャパン・リスクマネジメントに出向．
　　【現在】(株)損保ジャパン・リスクマネジメント BCM 事業本部危機管理事業部主席コンサルタント．

山脇　徹（やまわき　とおる）
1962年東京大学法学部卒業，(株)小松製作所，コマツ電子金属(株)，協同広告(株)に勤務．
【現在】(株)ディーパー常勤監査役．
【著書】"経営倫理とCSR―監査役監査の深耕に関する一考察"（日本経営倫理学会誌，第12号，2005），『CSRイニシアチブ』（日本規格協会，2005）など

コンプライアンスと企業文化を
基軸としたやわらかい内部統制

定価：本体2,000円（税別）

2007年3月8日　第1版第1刷発行

編　　者　水尾順一・田中宏司・池田耕一
著　　者　日本経営倫理学会　CSRイニシアチブ委員会
発 行 者　島　弘志
発 行 所　財団法人 日本規格協会
　　　　　〒107-8440　東京都港区赤坂4丁目1-24
　　　　　　　　　　　http://www.jsa.or.jp/
　　　　　　　　　　　振替　00160-2-195146
印 刷 所　株式会社平文社
製　　作　有限会社カイ編集舎

© CSR INITIATIVE Committee, 2007　　Printed in Japan
ISBN978-4-542-70157-1

当会発行図書，海外規格のお求めは，下記をご利用ください．
　カスタマーサービス課：(03)3583-8002
　　　書店販売：(03)3583-8041　　注文FAX：(03)3583-0462
編集に関するお問合せは，下記をご利用ください．
　　　書籍出版課：(03)3583-8007　　FAX：(03)3582-3372

CSR 関連図書のご案内

CSR イニシアチブ
～CSR 経営理念・行動憲章・行動基準の推奨モデル～
【英訳付き】
CSR INITIATIVE
～CSR Management Philosophy, Charter of Conduct and Code of Conduct～

水尾順一・田中宏司・清水正道・蟻生俊夫　編
馬越恵美子・昆　政彦　監訳
日本経営倫理学会・CSR イニシアチブ委員会　著
A5 判・160 ページ　　定価 1,470 円（本体 1,400 円）

主 要 目 次

推薦のことば
まえがき
CSR イニシアチブ委員会

CSR イニシアチブ作成の経緯及び概要
　序文
　1. CSR 経営理念
　2. CSR 行動憲章
　3. CSR 行動基準（合計 250 の行動基準）
　4. CSR イニシアチブの活用にあたって

CSR イニシアチブ
　～CSR 経営理念・行動憲章・行動基準～
　CSR 経営理念
　CSR 行動憲章
　CSR 行動基準
　　Ⅰ.消費者／Ⅱ.取引先／Ⅲ.従業員／Ⅳ.株主・投資家／Ⅴ.地域社会・地球環境／Ⅵ.競争社会／Ⅶ.マスメディア／Ⅷ.行政／Ⅸ.NPO/NGO／Ⅹ.国際社会
　参考文献・資料
　賛同組織・団体一覧

やさしいシリーズ 13
CSR 入門
小野桂之介　著
A5 判・94 ページ　　定価 945 円（本体 900 円）

主 要 目 次

はじめに
第 1 章　CSR ことはじめ：読者と著者の Q ＆ A
第 2 章　CSR の沿革と現状
　2.1 CSR の定義
　2.2 これまでの経緯と現状
　2.3 国際機関が策定した規格・ガイドライン
　2.4 ISO の動向
　2.5 SRI（社会的責任投資）について
第 3 章　企業における CSR と今後の展望
　3.1 CSR 的企業理念と行動
　3.2 CSR 推進に向けた専門部署のあり方
　3.3 CSR 専門部署の活動内容
　3.4 企業の立場から見た CSR の効用
　3.5 CSR 会計

第 4 章　これからの企業経営と CSR
　4.1 企業が担う責任と CSR
　4.2 CSR 型企業経営の姿
　4.3 企業パーソナリティ
　4.4 企業ブランドと CSR
　4.5 ベンチャービジネスと CSR
　4.6 理想と現実のギャップを埋める努力
　4.7 CSR とミッション経営
第 5 章　CSR の実現に向けて：読了後の Q ＆ A

参考　CSR 関連ウェブサイト一覧

JSA 日本規格協会　　http://www.jsa.or.jp/

CSR 関連図書のご案内

CSR 入門講座 全5巻
第1巻
CSR の基礎知識

松本恒雄 監修／田中宏司 著
A5判・130ページ
定価 1,365円（本体 1,300円）

企業の社会的責任
求められる新たな経営観

高 巌・辻 義信・Scott T. Davis・
瀬尾隆史・久保田政一 共著
B6判・208ページ
定価 1,365円（本体 1,300円）

CSR 入門講座 全5巻
第2巻
推進組織体制を構築する

松本恒雄 監修／森 哲郎 著
A5判・142ページ
定価 1,365円（本体 1,300円）

CSR 企業の社会的責任
事例による企業活動最前線

日本規格協会 編
A5判・336ページ
定価 2,415円（本体 2,300円）

CSR 入門講座 全5巻
第3巻
CSR レポートを作成する

松本恒雄 監修／後藤敏彦 著
A5判・124ページ
定価 1,365円（本体 1,300円）

やさしいシリーズ 3
PL 入門

山口正久 著
A5判・114ページ
定価 945円（本体 900円）

CSR 入門講座 全5巻
第4巻
CSR 会計を導入する

松本恒雄 監修／倍 和博 著
A5判・140ページ
定価 1,365円（本体 1,300円）

個人情報保護とリスク分析

畠中伸敏 編著
加藤文也・折原秀博・伊藤重隆 著
A5判・280ページ
定価 2,940円（本体 2,800円）

CSR 入門講座 全5巻
第5巻
社会的責任投資（SRI）の基礎知識

松本恒雄 監修／水口 剛 著
A5判・104ページ
定価 1,365円（本体 1,300円）

ISO 10002:2004/
JIS Q 10002:2005
苦情対応のための指針
規格の解説

鍋嶋詢三 編著
A5判・156ページ
定価 2,310円（本体 2,200円）

JSA 日本規格協会　　http://www.jsa.or.jp/